社区工作者常用知识
百问百答系列图书

U0599628

社区婚姻家庭知识百问百答

陈 慧 主编

SHEQU HUNYIN

JIATING ZHISHI

BAIWENBAIDA

华龄出版社
HUALING PRESS

图书在版编目（CIP）数据

社区婚姻家庭知识百问百答／陈慧主编. 北京：
华龄出版社，2021.12
ISBN 9787516921470

Ⅰ．①社…　Ⅱ．①陈…　Ⅲ．①婚姻问题－问题解答②
家庭问题－问题解答　Ⅳ．①C913.144

中国版本图书馆 CIP 数据核字（2021）第 280453 号

策　　划	社区部　善爱社工	责任印制	李末圻
责任编辑	薛　冶　李芳悦	装帧设计	唐韵设计

书　　名	社区婚姻家庭知识百问百答	作　者	陈　慧
出　　版 发　　行	华龄出版社 HUALING PRESS		
社　　址	北京市东城区安定门外大街甲 57 号	邮　编	100011
发　　行	（010）58122255	传　真	（010）84049572
承　　印	三河市腾飞印务有限公司		
版　　次	2022 年 3 月第 1 版	印　次	2022 年 3 月第 1 次印刷
规　　格	710mm×1000mm	开　本	1/16
印　　张	12	字　数	130 千字
书　　号	ISBN 9787516921470		
定　　价	48.00 元		

为社会基层治理服务，打造社区所需的精品图书
——华龄出版社"社会书系"倾情奉献

"社区书系"是为适应新时代基层社会治理需要，深入贯彻党的十九届四中全会、五中全会关于"构建基层社会治理新格局""社会治理特别是基层治理水平明显提高"的重要部署，落实习近平总书记关于"建立一支素质优良的专业化社区工作者队伍"的指示要求而策划编写的，旨在为社区工作人员提供系统的社区工作理论和方法指导，提高社区工作者的理论素养和工作能力，推进社区治理体系与治理能力现代化。

"社区书系"是一个融图书、视频、服务为一体的新型复合出版工程，内容体系包括三个方面：

纸质图书　通过纸质图书阅读，为社区工作者提供系统的理论和方法指导。

线上课程　通过视频课程、网络直播课程，深化重点知识，解读难点知识。

专家服务　通过线下培训、现场诊断等，解决社区工作中存在的问题症结。

华龄出版社是中国老龄协会主管主办的中央部委出版社，为出版"社区书系"专门成立了"社区部"，全面统筹谋划出版。"社区书系"计划出版图书200种，覆盖社区工作各个方面，现面向全国诚邀熟悉社区工作的专家、学者加盟"社区书系"出版计划，一起为中国社区的繁荣发展出一份力！

社区视频培训讲座

前　言

社区是城市建设的重要组成部分,也是广大居民群众生活的地方。2020 年,习近平总书记在吉林考察时强调,推进国家治理体系和治理能力现代化,社区治理只能加强、不能削弱。社区工作人员在社区治理中直面人民群众,需要时刻联系广大社区居民,协助党和政府做好社区的各种管理与服务。可以说,社区工作人员素质的高低,将决定我国未来社会治理水平的高低。

由于社区工作涉及领域十分广泛,工作任务繁杂琐碎,社区工作者需要了解和掌握很多领域的知识,熟悉一系列最新的政策、法规,掌握一系列行之有效的工作流程、方法,才能够胜任新时代的社区工作。当前,相关领域知识的欠缺、工作能力的不足是很多社区工作者存在的主要问题,缺少高素质的社区工作人员队伍是社区治理现代化面临的重要问题。正是基于这样的分析判断,华龄出版社为了助力建设美好社区,解决当前和今后一个时期社区工作者的迫切需求,提高社区工作者的知识素养和工作能力,推进社区治理能力和治理水平现代化,特别成立了"社区部",推出了"社区书系"中的一个分系:社区工作者常用知识百问百答系列图书。

该系列图书选取了社区工作非常重要的十个领域——平安建设、政策法律宣传、未成年人教育保护、社会救助、突发事件处理、邻里关系处理、社区养老、婚姻家庭、居民防骗、公益慈善等,从每个领域中精选出 100 多个常见的问题,以问答的形式呈现出来,并进行科学的分类,便于社区工作者学习参考,学有所用,工作起来更加得心应手。

"社区工作者常用知识百问百答系列图书"有以下几个特点：

1. 内容丰富，知识全面

内容涉及平安建设、政策法律宣传、未成年人教育保护、社会救助、突发事件处理等十大社区工作的重要领域，涵盖了这些领域的一般常识和重要知识。这些知识都是社区工作者需要了解和掌握的。

2. 体例新颖，分类科学

将重要的知识点以问答形式呈现出来，并按照细分工作领域和知识类型将这些问题进行了细致的分类，帮助读者梳理和建构知识架构；还设置有"知识链接"环节，进一步拓宽知识面，帮助读者加深了解和掌握。

3. 专家团队，倾力打造

本系列图书由著名社会学家陈慧教授领衔主编，众多社会学专家、学者、资深图书编辑组成了庞大的编写团队，确保图书内容权威、理念先进、思想前卫，切中了当前社区工作中的问题和广大社区工作者的迫切需求。

4. 通俗易懂，实用性强

图书语言通俗易懂，内容深入浅出，学习阅读毫无压力。书中引用了大量最新的政策、法规，不光有知识理论，还有丰富的案例和工作方法指导，具有很强的实用性，对新时代社区工作具有很强的指导作用。

本系列图书融知识性、可读性和实用性于一体，是一套便于社区工作者进行知识查阅、指导社区工作者做好社区工作的必备工具书，有助于提高社区工作者的知识素养和能力水平。由于时间和能力有限，书中难免存在不足之处，敬请广大读者批评指正。

编　者

目 录

第一章　婚姻家庭基本概念与政策法规

1.什么是婚姻家庭关系?

　　婚姻家庭关系,是婚姻关系和家庭关系的合成,主要包括夫妻之间的人身和财产关系以及围绕家庭所产生的人身和财产关系。婚姻家庭法律关系就是婚姻双方、家庭成员以及其他亲属之间的权利义务关系,既包括婚姻关系,也包括家庭关系和其他亲属关系。

知识链接

　　婚姻家庭关系是一种民事关系,在我国,调整婚姻家庭关系的法律是《中华人民共和国民法典》(后简称《民法典》)。根据《民法典》第五编第一千零四十一条规定,婚姻家庭受国家保护;第一千零四十三条规定,夫妻应当互相忠实,互相尊重,互相关爱;家庭成员应当敬老爱幼,互相帮助,维护平等、和睦、文明的婚姻家庭关系;第一千零五十五条规定,夫妻在婚姻家庭中地位平等。

2.婚姻家庭关系有哪些内容?

　　婚姻关系因结婚而成立,又因一方死亡或离婚而终止。因此,有关结婚的条件和程序,夫妻间的权利和义务,关于离婚的处理原则、程序、条件以及离婚以后的子女抚养、财产分割、一方对另一方的帮助等问题，都属于夫妻关系的内容。家庭关系基于出生、结婚以及其他原因发生，又因为离婚、家庭成员死亡、拟制血亲关系解除等原因而消灭。因此，关于确认家庭成员的身份，家庭成员之间的权利义务及其产生、变更和终止等方面的事项，均属于家庭关系的范畴，由婚姻家庭法予以调整。

知识链接

婚姻家庭法律关系的内容既包含人身关系，又有财产关系。其中，人身关系是婚姻家庭法律关系的最主要内容，财产关系多以人身关系为先决条件，处于从属地位。因此，婚姻家庭法应当属于身份法。这一显著特征决定了婚姻家庭纠纷的特征及其解决的方法与一般商事法律关系、知识产权法律关系、行政法律关系以及刑事法律关系的根本区别。

3. 婚姻家庭关系有哪些性质？

婚姻家庭关系是以两性结合为前提，以血缘联系为纽带的社会关系，具有社会性和自然性。

（1）婚姻家庭关系的社会性，指婚姻家庭关系作为一种社会关系，其存在和发展决定于社会的生产关系，并受社会上层建筑各个因素（如政治、法律、道德、宗教、风俗习惯）的影响和制约。

（2）婚姻家庭关系的自然性，由于婚姻关系是两性关系，家庭关系是血缘关系，生理学和生物学的某些自然规律必然会对婚姻家庭关系发生作用。如法定婚龄和禁婚条件的规定。

自然性是婚姻家庭关系形成的必要前提，社会性是决定婚姻家庭关系性质的因素。

　　婚姻家庭的本质只能决定于它的社会属性,自然属性只是婚姻家庭
的特点和前提条件。我们不能夸大自然属性对婚姻家庭的作用,也不能
将自然属性和社会属性并列为同等地位。两性结合和血缘联系是普遍
存在于一切高等或较高等的动物之中的,而婚姻家庭却是人类特有的社
会现象。社会属性是人类的根本属性,婚姻家庭关系依存于一定的社会
结构,具有一定的社会内容。婚姻家庭的起源、性质及其发展变化,只能
从社会制度和社会物质生活条件中,找到正确的答案。

4. 婚姻家庭关系有哪些特点?

　　婚姻家庭关系的特点主要有五个方面,分别是:主体的单一性和身
份性、人身关系的主导性、鲜明的伦理性、权利义务的相对性和可转换
性、客体的特定性。

　　(1)主体的单一性和身份性释义

　　首先,公民是婚姻家庭法律关系的唯一主体。一般的民事法律关系
主体,包括自然人、法人、其他组织和作为特殊主体的国家。而在婚姻家
庭法律关系中,主体只能是自然人而不能是其他。同时,一般民事领域
中的"自然人",不仅包括个体的公民,而且包括个体工商户、农村承包经
营户和个人合伙,而婚姻家庭法领域中的自然人是严格意义上的个体公
民,不能做任何扩大的解释。诚然,家庭是一种社会细胞组织,但是,如
果以家庭(或者是"户")的形态作为主体从事民事法律行为的时候,它所

介入的就只能是一般的民事法律关系,而不是婚姻家庭法律关系本身。

其次,婚姻家庭法律关系的主体是具有特殊身份的公民。在实际生活中,许多社会关系的主体也只能是公民个人,比如同事关系、同学关系、朋友关系等等。婚姻家庭关系是法律关系,不同于一般的社会关系,它的主体必须具有特定的亲属身份。继承法律关系也发生在具有特定亲属关系的公民之间。但是,继承行为是一种死因行为,而婚姻家庭关系的法律效力只及于生存的公民之间,因此婚姻家庭法只规定特定亲属之间享有遗产继承的权利,实际上确立的是一种期待权。总之,婚姻家庭法律关系的主体只能是用法定的特殊纽带联结起来的自然人。这种纽带,一是结婚,二是生育,三是收养。所以,法律上的婚姻家庭关系是一种个体公民之间的法定的特殊身份关系。

需要说明的是,古代法律往往把家族的利益作为婚姻关系的基点,因此非常注重协调家族之间的关系,缔结婚姻关系的行为是一种家庭(家庭)行为而并非当事人的个人行为;提出或者解除婚姻关系往往也以是否符合家庭(家族)利益为尺度。当代的婚姻家庭法律和古代法律不同,前者只调整亲属个体之间的关系,不调整亲属团体之间的关系。

(2)人身关系的主导性释义

在婚姻家庭关系和财产关系中,人身关系具有主导地位。

从婚姻家庭关系发生的角度看,亲属关系的创设,绝不是为了追求直接的经济利益,与商品生产和交换具有完全不同的性质。结婚与卖淫,生育与畜牧,收养与雇工,都有原则的区别。我国法律充分尊重和维护婚姻家庭关系的本质。在社会主义市场经济体制下,有商品市场、劳务市场和其他的服务性市场,但绝对不能开辟"婚姻市场""亲属市场",不能把婚姻家庭关系商业化。

从婚姻家庭关系的内容看,虽然它包括人身关系和财产关系两个方面,但是任何财产关系都派生于、服从于人身关系。没有特定的人身关系就不发生相应的财产关系,人身关系的变动导致财产关系的变动。婚姻家庭领域的财产关系往往具有"单务无偿"的特点,不具有"双务有偿性",不适用等价有偿的原则。比如父母对子女的抚养义务和子女对父母的赡养义务、夫妻之间互相扶养的义务等等都是无条件的,不以索取经济上的回报为前提。

从婚姻家庭关系的解除看,血缘关系是一种自然形成的关系,不能人为地加以解除。即使父母子女之间发生冲突也不能宣告解除血亲关系,法院也绝不受理自然血亲关系的解除之诉。夫妻关系、收养关系是可以依法解除的,但有关的财产分割以及经济上的帮助与补偿,都是这些关系解除的后果,而不是其前提。

(3)鲜明的伦理性释义

以两性的结合与生命的繁衍为基本特征的婚姻家庭关系,是人类社会最古老也是最恒久的社会关系;夫妻、父母子女、兄弟姐妹一直被视为而且今后也必将是人伦之本。与之相适应的婚姻家庭组织,从本质上说是一种伦理实体。在法律对婚姻家庭关系加以调整的时候,绝对不能忽视它以伦理组合为中心的基本特征。因此,任何时期的婚姻家庭法总是与当时占据统治地位的道德观念和为社会所承认的道德规范紧密联系在一起:许多最基本的道德准则成为立法的根据,大量的道德规范被法律所肯定。这是调整其他社会关系的任何法律所无法比拟的。

婚姻家庭道德具有历史性,总是与一定的生产力发展水平、社会经济与政治制度以及相应的生活方式相适应。正因为如此,许多古老的道德观念和道德规范已经陈旧落后,必定被新的时代所摒弃。同时,由于婚姻家庭基本性质的不可改变性和婚姻家庭观念的可传承性,许多婚姻家庭道德也具有民族性,成为优秀民族文化传统的一个有机组成部分。

弘扬这些优秀的道德传统,赋予其与社会主义制度相适应的新内涵,正是我国精神文明建设的一项重要任务,也是我国社会主义婚姻家庭法制建设的一个重要方面。

强调婚姻家庭法律关系具有鲜明的伦理性,并不是将法律与道德混同。婚姻家庭法毕竟是人们从事婚姻家庭行为最基本的准绳,而道德往往反映更高的境界,因此,不少道德准则是游离于法律之外的。同时,道德往往偏重于人们对自己行为的约束,而婚姻家庭法更多地从国家的角度确认和保护人们在婚姻家庭生活中的基本权利。因此,说婚姻家庭法律关系具有鲜明的伦理性,并不意味着婚姻家庭法的"伦理化"。

(4)权利义务的相对性和可转换性释义

婚姻家庭关系的构成,必须有两个以上互相依存的自然人主体。这些主体之间的身份关系具有特定性,绝对不可互易与替代。正是因为不同的身份决定了各自的权利和义务,所以,婚姻家庭权利不同于民法中其他的人身权利。一般的人格权和身份权,比如姓名权、健康权、名誉权、荣誉权等等都是绝对权,而在婚姻家庭领域中,夫妻、父母子女、祖父母(外祖父母)和孙子女(外孙子女)、兄弟姐妹的身份都是相对存在的,基于这些相对存在的身份关系而发生的一切权利都是相对权。这种相对性决定了设定和履行权利义务时的互动性。在一组关系中,一方的权利就是另一方义务。比如,未成年子女有受抚养教育的权利,他们的父母就有抚养教育未成年子女的义务;夫妻之间一方享有参加生产、劳动和社会活动的自由权,另一方就有尊重这种权利的义务。

同时,在特定的情形下,多数婚姻家庭财产权利和义务都带有单向性,即一方只享有权利而另一方只承担义务。这些权利义务关系不是固定不变的,权利人和义务人将会随着条件的变化而发生转换。比如,在抚养关系中,未成年子女是权利人,他们的父母是义务人;而当子女成年以后形成的赡养关系中,父母成为权利人而子女变成了义务人。再比如,夫妻一方可能因为特定的条件成为被扶养人,也可能因为条件的变化成为扶养人。

(5)客体的特定性释义

婚姻家庭法中的多数规范都是当事人必须遵行的强制规范,特别是在人身关系方面,权利义务是法定的,相关的客体也是法定的。有关的身份法律行为和它们所指向的对象,即婚姻家庭生活中的人身利益,完全由法律严格加以规定,当事人没有任何选择的余地。在财产关系中,一方面,有相当多的权利客体由法律明确限定,比如扶养人对被扶养人提供的必需的物质生活资料和其他扶养教育费用,不能低于实际的需求或者法定的标准。另一方面,夫妻财产关系具有一定的可选择性,但是一旦选定实行某种特定的财产制,其权利客体的范围仍然是确定的。在我国,如果双方没有约定实行法定的婚后所得共同制,对于共有的和个人所有的财产都必须遵循有关的法律规则,依法正确行使权利;如果双方作出了财产约定,则必须按照约定的内容确认权利客体。

知识链接

《中国妇女发展纲要(2021-2030年)》《中国儿童发展纲要(2021-2030年)》发布会上,国务院妇女儿童工作委员会副主任、全国妇联党组书记、副主席、书记处第一书记在会上介绍,第七次全国人口普查数据显示,我国目前有家庭4.94亿户,家庭规模、家庭结构、家庭关系呈现出新的特点,家庭领域面临许多新情况、新问题。比如婚姻家庭观念多元化的问题、平衡家庭与事业的关系问题、离婚率增高的问题、儿童家庭监护缺失的问题、家长育儿观存在误区的问题、亲子关系不尽和谐的问题等等。同时,三孩生育政策的实施,对家庭家教家风建设、对妇女儿童的发展都提出了新的要求。

5. 婚姻家庭关系的法律依据是什么?

婚姻家庭法规是调整婚姻家庭关系的法律规范的总称。从范围上讲,我国婚姻家庭法规是现行法律体系中所有调整家庭关系的法律规范的总称,不仅包括《中华人民共和国婚姻法》,还包括《中华人民共和国民法通则》等其他所有调整婚姻家庭关系的法律规范。在调整对象上,我国婚姻家庭法既调整婚姻关系,又调整家庭关系。

中华人民共和国成立之初,中央人民政府委员会第七次会议通讨了《婚姻法》,于 1950 年 5 月 1 日起施行。这是中华人民共和国第一部具有基本法性质的法律。改革开放之初,第五届全国人民代表大会第三次会议于 1980 年 9 月 10 日通过了第二部《婚姻法》,该法自 1981 年 1 月 1 日起施行。1980 年《婚姻法》重申了 1950 年《婚姻法》的基本原则和规定,同时根据新时期调整婚姻家庭关系的实际需要在内容上作了必要的修改和补充。1980 年《婚姻法》设总则、结婚、家庭关系、离婚和附则,共 5 章 37 条。

1980 年《婚姻法》施行后,一批相关法律法规和司法解释等相继出台:1985 年,《中华人民共和国继承法》颁布施行;1986 年,《民法通则》颁布,明确指出婚姻自主权是重要的民事权利,婚姻、家庭、老人、母亲和儿童受法律保护,妇女享有同男子平等的权利,并规定了监护制度和涉外婚姻家庭关系的法律适用等问题;1991 年,《中华人民共和国收养法》颁布;1994 年《中华人民共和国母婴保健法(2009 年修正)》出台。

此外,国务院及所属有关部门制定了大量行政法规和规章,最高人民法院也就如何适用法律处理婚姻家庭纠纷等问题发布了相当数量的司法解释。这一系列立法举措使我国婚姻家庭法规范体系日益充实。一个以《宪法》为立法依据,以《婚姻法》为主体,包括有关法律法规在内的婚姻家庭法规范体系初步形成。鉴于改革开放后我国的社会生活和婚姻家庭生活发生了巨大变化,婚姻家庭领域也出现了一些新情况、新问题,2001年4月28日九届全国人大常委会第二十一次会议通过了《关于修改〈中华人民共和国婚姻法〉的决定》。修改后的《婚姻法》对原法作了必要的补充和修改,设总则、结婚、家庭关系、离婚、救助措施与法律责任、附则,共6章51条。

2020年5月28日,十三届全国人大三次会议表决通过了《中华人民共和国民法典》,自2021年1月1日起施行。《中华人民共和国民法典》共7编、1260条,各编依次为总则、物权、合同、人格权、婚姻家庭、继承、侵权责任,以及附则。《民法典》贯穿以人民为中心的发展思想,着眼于满足人民对美好生活的需要,对公民的人身权、财产权、人格权等作出明确翔实的规定,并规定侵权责任,明确权利受到削弱、减损、侵害时的请求权和救济权等,体现了对人民权利的充分保障,被誉为"新时代人民权利的宣言书"。婚姻法、继承法、民法通则、收养法、担保法、合同法、物权法、侵权责任法、民法总则同时废止。

知识链接

《中华人民共和国民法典》是中华人民共和国成立以来第一部以"法典"命名的法律,是新时代我国社会主义法治建设的重大成果。要充分认识颁布实施民法典的重大意义,推动民法典实施,以便更好推进全面依法治国、建设社会主义法治国家,更好保障人民权益。《民法典》在中国特色社会主义法律体系中具有重要地位,是一部固根本、稳预期、利长远的基础性法律,对推进全面依法治国、加快建设社会主义法治国家,对发展社会主义市场经济、巩固社会主义基本经济制度,对坚持以人民为中心的发展思想、依法维护人民权益、推动我国人权事业发展,对推进国家治理体系和治理能力现代化,都具有重大意义。

6. 婚姻家庭关系的法律原则有哪些?

(1)婚姻自由原则。婚姻自由作为婚姻家庭法的首要原则,是指婚姻当事人有权根据法律的规定,自主自愿地决定自己的婚姻问题,不受任何人的强制和非法干涉。婚姻自由包括结婚自由和离婚自由。法律禁止包办、买卖婚约和其他干涉婚姻自由的行为,禁止借婚姻来索取财物。

(2)一夫一妻制原则。一夫一妻制是一男一女结为夫妻互为配偶的婚姻形式。按照一夫一妻制,任何人不得同时有两个或两个以上配偶。根据一夫一妻制原则,禁止重婚,禁止有配偶者与他人同居。

(3)男女平等原则。男女平等原则是指男女两性在婚姻关系和家庭生活的各个方面都享有平等的权利,承担平等的义务。例如,男女双方结婚以后的财产如无特别约定,属于双方共有;男女双方在赡养父母方面义务相同;继承发生时,男女具有同等继承权等。

(4)保护妇女、儿童和老人合法权益原则。保护妇女、儿童和老人合法权益与男女平等是完全一致的,并不矛盾。几千年的男尊女卑思想以及人身依附的观念,对现实社会中的一部分人还存在一定的影响。因此,提倡保护妇女、儿童和老人合法权益原则,具有明显的实践意义。

知识链接

婚姻家庭法是身份法,它调整的是具有特定亲属身份的人之间的人身关系和财产关系。夫妻、父母子女、兄弟姐妹等特别的人伦关系不是出于功利的目的而创设和存在的,而由亲属身份所派生的财产关系,也不体现直接的经济目的,它所反映的主要是亲属共同生活和家庭职能的要求,带有某种社会保障和社会福利的色彩。与市民社会的其他财产法则不同,它不具有等价有偿的性质。

从某种意义上说,婚姻家庭法堪称道德化的法律或法律化的道德,古今中外概莫能外。与其他绝大多数"不近人情"的法律规范不同,婚姻家庭法的伦理性突出反映了法律制度"温情脉脉"的人文关怀的一面。它的触角伸入人心中的道德天平、自律规则甚至情感世界。

我国的婚姻家庭法已经对弱者地位给予了应有的倾斜性照顾,今后还应一如既往、进一步扩大对弱者权利的保护。比如在确认婚姻无效时区别当事人的善意、恶意;增加对家庭成员虐待、遗弃的行政处罚和民事制裁;调整离婚扶养费和抚育费的给付,弥补离婚的不良后果,使因离婚陷于困境的弱者有足够的能力走向新生活。通过这种努力,婚姻家庭将会得到发展,而婚姻家庭法将会成为老百姓心目中的"善法"。

7. 婚姻缔结的定义是什么?

婚姻是指男女双方以永久共同生活为目的,以夫妻的权利义务为内容的合法结合。所谓婚姻的缔结,即创设婚姻关系的行为,指男女双方依照法律规定的条件和程序确立夫妻关系的法律行为,也称结婚。

结婚必须符合法律规定的条件,履行法律规定的程序。前者是当事人自身必须具备的条件,后者是结婚必须履行的程序或必须具备的方式。两者必须同时具备,结婚才具有法律效力。

知识链接

　　我国的婚姻缔结问题非常复杂,尽管有法律明文规定,但不同的区域,不同地域的文化,都有各自的规矩与民俗。很多地方都需要经过缔结婚约,三媒六证,下聘礼,求亲,定好,签订财产约定协议,登记,举行婚礼,入洞房,这其中会产生不少社会问题和社会矛盾。另外,这些流程是婚姻产业链的重要组成部分,有着庞大的经济利益纠葛。其实这所有的流程中被法律认可的,只有登记一项,所以未来可能要将婚姻产业链条法律化,更加明确而详细地规定缔结婚姻的相关事项。

8. 结婚的必备条件有哪些?

　　(1)必须男女双方完全自愿

　　结婚是一男一女确立婚姻关系的法律行为,双方当事人应在完全平等、自愿的基础上,就缔结婚姻关系达成一致的意见。这里,双方自愿是婚姻的前提和基础。为此,结婚必须男女双方完全自愿,不许任何一方对他方加以强迫或任何第三者加以干涉。

　　"男女双方完全自愿"有三方面含义:一是双方自愿而不是一方愿意;二是男女双方本人自愿而不是父母或第三者愿意;三是双方完全自愿而不是勉强同意。

　　(2)必须达到法定婚龄

　　法定婚龄是法定结婚年龄的简称,是指法律准予结婚的最低年龄。法律关于法定婚龄的规定属于强制性规范,缔结婚姻的男女双方必须遵守。我国的结婚年龄,男不得早于22周岁,女不得早于20周岁。凡当事人双方或一方未达到法定婚龄的,婚姻登记机关不予登记。

法定婚龄的确定取决于自然和社会两方面因素:一是自然因素,人只有达到一定年龄才具备结婚的生理和心理条件,才能担负婚姻的权利和义务;二是社会因素,法律规定法定婚龄需充分考虑本国的文化、习俗、经济、人口状况等诸多社会因素。

(3)必须符合一夫一妻的基本原则

一夫一妻是婚姻关系本质的必然要求和体现,也是人类社会男女性别比例的自然要求。为此,当今世界绝大多数国家将一夫一妻确立为婚姻制度的原则。在我国,一夫一妻同样是婚姻制度的基本原则,也是结婚的必备条件。

一夫一妻的含义是:任何人不得同时有两个或两个以上的配偶,已婚者在其配偶死亡或离婚前不得再行结婚;一切公开或隐蔽的一夫多妻、一妻多夫都是非法的,受法律的禁止和制裁。

为保障一夫一妻基本原则的贯彻实施,我国法律明确规定禁止重婚,禁止有配偶者与他人同居。申请结婚登记的当事人一方或双方已有配偶的,婚姻登记机关不予登记。

知识链接

当代结婚条件的价值主要体现在以下几点:

(1)有利于倡导婚姻自由。如我国婚姻法规定结婚必须男女双方完全自愿,这一规定是反对封建的包办买卖婚姻和其他干涉婚姻自由行为的法律依据,从而为当事人的婚姻自由提供法律保障。

(2)有利于为国家政策服务。如我国婚姻法规定,结婚必须达到法定年龄。结婚年龄,男不得早于22周岁,女不得早于20周岁。这一规定有利于我国计划生育工作的开展,有利于社会主义现代化建设,有利于提高人民的物质文化生活水平,有利于优生优育和提高婚姻质量。

(3)有利于保障婚姻家庭的稳定。如我国婚姻法规定:禁止有配偶者结婚,要求结婚的男女双方必须亲自到婚姻登记机关进行结婚登记等。从而为维护一夫一妻制,防止重婚,保障婚姻关系的稳定,提供了法律保障。

(4)有利于优生优育,保护当事人与社会的根本利益。

9. 结婚的禁止条件有哪些?

(1)禁止直系血亲和三代以内旁系血亲结婚

禁止一定范围的亲属结婚源于原始社会的婚姻禁忌。人类进入个体婚后,开始通过立法限制近亲结婚。近现代法律禁止近亲结婚主要有两个方面的原因:一是基于优生的考虑,血缘关系近的人容易把疾病或缺陷传给下一代,不利于优生;二是基于伦理道德的考虑,近亲结婚有违人类长期形成的婚姻道德,容易造成亲属身份关系的混乱。

直系血亲和三代以内的旁系血亲禁止结婚。由此,我国禁止结婚的血亲包括两类:一是所有的直系血亲。凡属上下各代的直系血亲,一律禁止结婚。二是三代以内的旁系血亲,指与己身同源于父母或者祖父母、外祖父母的直系血亲以外的血亲,包括二代的旁系血亲和三代的旁系血亲。其范围包括:伯、叔、姑、舅、姨;堂兄弟姐妹、表兄弟姐妹;兄弟姐妹,包括同父同母的全血缘兄弟姐妹、同父异母或同母异父的半血缘兄弟姐妹;侄子、侄女、外甥、外甥女。

（2）禁止患有特定疾病的人结婚

法律禁止患有特定疾病的人结婚,目的在于防止和避免当事人所患疾病传染或遗传给下一代,保护婚姻当事人的利益和社会公共利益。患有医学上认为不应当结婚的疾病的,禁止结婚。至于哪些疾病属于医学上认为不应当结婚的疾病,没有明确法律规定,仅在《母婴保健法》中规定了婚前医学检查的疾病,包括严重遗传性疾病、指定传染病和有关精神病。

经婚前医学检查,对患有指定传染病在传染期内或者有关精神病在发病期内的,医师应当提出医学意见,准备结婚的男女双方应当暂缓结婚。经婚前医学检查,对患有医学上认为不宜生育的严重遗传性疾病的,医师应当向男女双方说明情况,提出医学意见,经男女双方同意,采取长效避孕措施或者施行结扎手术后不生育的,可以结婚。

知识链接

由于近亲结婚的夫妇双方有较多相同的基因,对生存不利的隐性有害基因容易在后代中传递,因而容易生出素质低劣的孩子。据世界卫生组织估计,人群中每个人约携带 5～6 种隐性遗传病的致病基因。在随机婚配(非近亲婚配)时,夫妇两人无血缘关系,他们所携带的隐性致病基因不同,因而不易生育隐性致病基因的患者;而在近亲结婚时,夫妇两人携带相同的隐性致病基因的可能性很大,后代遗传病的发病率较高。

10. 婚前检查有哪些内容?

婚前检查的主要内容有:

(1)询问项目

①了解双方是否有血缘关系。

②了解双方现在和过去的病史和服药史。如有无性病、麻风病、精神病,各种传染病、遗传病,重要脏器、泌尿生殖系统疾病和智力发育情况等。

③了解双方个人生活史,询问近期工作和居住生活情况、烟酒嗜好等。

④女方月经史和男方遗精情况。

⑤了解双方家族有无先天重度残疾,重点询问与遗传有关的病史。

⑥再婚者,应询问以往婚育史。

(2)体格检查,包括内科检查、生殖器检查和实验室检查

①内科检查,就是全身体格检查。

②生殖器检查,在于发现影响婚育的生殖器疾病。女性做腹部肛门双合诊,注意有无处女膜闭锁、阴道缺如或闭锁、子宫缺如或发育不良、子宫肌瘤、子宫内膜异位症等;查男性生殖器时,注意有无包茎、阴茎硬结、阴茎短小、尿道下裂、隐睾、睾丸过小、精索静脉曲张和鞘膜积液等。

(3)实验室检查

除了血常规、尿常规、胸透、肝功能和血型外,女性作阴道分泌物找滴虫、霉菌,必要时作淋菌涂片检查;男性作精液常规化验。必要时,还要作智商测定。

（4）必查项目

①法定传染病。包括艾滋病、淋病、梅毒、乙肝等，这些疾病可以通过抽血或涂片排查。

②较重的精神病。如严重的躁狂症、精神分裂症等，这些疾病可能危害他人生命安全和身体健康，患者的心理问题还会引起很多严重后果。此类疾病需要精神科医生诊断。

③生殖系统畸形。此类疾病直接影响生育，其中一些疾病男科和妇科医生可通过肉眼诊断，有些需要用 B 超检查。

④先天性遗传疾病。如白化病、原发性癫痫、软骨发育不良、强直性肌营养不良、遗传性视网膜色素变性等。遗传性疾病的排查需要检测染色体。

⑤血常规及尿常规。

（5）自选项目

①肺功能。一般拍 X 光胸片即可。

②心功能。一般的心脏病做心电图即可筛查，先天性心脏病可做心脏彩超。

③血糖。验血查是否有糖尿病。

④血压。验血查血压是否过高或过低。

⑤内脏。做 B 超可查肝、胆、胰、脾、肾是否异常。

⑥血液。抽血查肝功能、肾功能是否正常。

知 识 链 接

婚检的注意事项有：

（1）婚检要尽量与婚期拉开时间距离，一旦检出问题，能争取时间治疗。婚检证明的有效期是三个月。

（2）婚检时带上双方户口本、身份证和一寸免冠照片三张，另外还要有双方单位的介绍信(介绍信现在不是强制要求了)。

(3)婚检时女性要避开月经期,月经干净三天后再婚检,否则女性的尿液中含有大量红细胞,医生会怀疑其有肾炎、结石等问题。

(4)婚检前一天要休息好,不能太劳累,别喝酒,因为这些都有可能影响肝功的化验结果。

(5)婚检前一天尽量吃清淡饮食,否则抽血化验时会出现乳糜血(血液混浊),影响检查结果。

(6)婚检当天早晨一定不能进食,必须空腹检查。

(7)要着重说明的是:新人在检查的前几天一定要休息好,不能睡得太晚,不要劳累,更不要饮酒,因为这些情况都有可能影响肝功化验结果,一旦出现 GPT 增高,按要求不能及时发证,还得经过治疗复查下后再发证,容易误事。

如果婚检顺利的话,一天即可领到婚检证明,所以要婚检必须准备一天的时间。

11. 结婚的标准程序有哪些?

结婚的程序,即结婚的形式要件,是法律规定的结婚必须履行的手续。中华人民共和国成立后,结婚实行登记制。结婚登记是结婚的法定程序,男女双方只有到法律规定的机关履行结婚登记程序,其婚姻才具有法律效力。

(1)结婚登记机关

内地居民办理婚姻登记的机关,是县级人民政府民政部门或者乡

（镇）人民政府,省、自治区、直辖市人民政府可以按照便民原则确定农村居民办理婚姻登记的具体机关。婚姻登记机关的管辖范围,原则上以当事人的户籍为依据。《婚姻登记条例》规定,内地居民结婚,男女双方应当共同到一方当事人常住户口所在地的婚姻登记机关办理结婚登记。

中国公民与外国人、内地居民与港澳台同胞在中国(内地)办理结婚登记手续的,有权办理此类结婚登记的机关是省、自治区、直辖市人民政府民政部门或者省、自治区、直辖市人民政府民政部门确定的机关。

（2）结婚登记程序

①申请:请求结婚的男女双方必须亲自到婚姻登记机关提出结婚申请,不得由他人代理,也不可以采取书面形式代替本人亲自到场。根据《婚姻登记条例》的规定,申请时应当出具下列证件和证明材料:户口簿、身份证、本人无配偶以及与对方当事人没有直系血亲和三代以内旁系血亲关系的签字声明。申请结婚登记的当事人应当如实向婚姻登记机关提供上述证件和证明材料,不得隐瞒真实情况。

②审查:结婚当事人向婚姻登记机关提出结婚申请后,婚姻登记机关应当依法对当事人的结婚申请进行审查。审查内容包括两个方面:一是审查证件,查验当事人提交的证件和证明材料是否齐全、是否符合法律规定;二是审查当事人双方是否符合法律规定的结婚条件。审查中,婚姻登记机关可就需要了解的情况向当事人询问,必要时也可以进行调查。

③登记:婚姻登记机关经审查,认为办理结婚登记的当事人符合结婚条件的,当场予以登记,发放结婚证。结婚证是结婚登记机关签发的证明婚姻关系成立的法律文书。取得结婚证,即确立夫妻关系。

婚姻登记机关经审查,认为办理结婚登记的当事人有下列情形之一,不符合结婚条件的,不予登记:未到法定结婚年龄的;非双方自愿的;

一方或者双方已有配偶的;属于直系血亲或者三代以内旁系血亲的;患有医学上认为不应当结婚的疾病的。婚姻登记机关对当事人不符合结婚条件不予登记的,应当向当事人说明理由。

知识链接

　　随着香港回归、澳门回归以及更多的台商选择前往大陆发展,越来越多的港、澳、台人员来到内地,选择内地的异性作为自己的终身伴侣。根据相关规定,香港、澳门、台湾同胞在办理结婚登记的时候,会有特别的要求。

　　香港同胞:

　　(1)香港居民身份证、回乡证或海员证。

　　(2)司法机关委托的香港律师辨认的香港婚姻注册处出具的婚姻状况证明,和经该律师证明的由申请人做出的在其他任何地方从未登记结婚的声明书。

　　(3)再婚的离婚证件或配偶死亡证明。

　　澳门同胞:

　　(1)澳门居民身份证、回乡证或海员证。

　　(2)澳门婚姻及死亡登记局出具的结婚资格证明书或无结婚登记证明书。

　　(3)再婚者的离婚证件或配偶死亡证明。

　　台湾同胞:

　　(1)台湾同胞旅行证或我们驻外使领馆签发的加注有"台湾同胞"字样的《中华人民共和国旅行证》。

　　(2)台湾公证机关出具的无配偶证明或公证的本人户籍登记簿底册复印件。

　　(3)离婚或丧偶的台湾同胞需提供经过公证机关公证的离婚证件或

配偶死亡证明,无法提供上述证明,可以提供经公证的台湾或港澳报纸刊登的新婚夫妇离婚的声明书或公告,未经公证的不具有法律效力。

12. 什么是无效婚姻?

无效婚姻,是指已经成立的婚姻因违反结婚的条件(主要指公益要件),依法被宣告为无效,从而不具有婚姻的法律效力的婚姻。无效婚姻的原因在于该婚姻严重违反了社会公共利益和公序良俗,违反了公益要件,须予以取缔,是一种惩戒性评价,当事人和利害关系人均享有否认婚姻效力的权利。

知识链接

无效婚姻是指男女两性虽经登记结婚但由于违反结婚的法定条件而失去婚姻效力,所以被宣告为无效的婚姻,严格地讲,无效婚姻并不是婚姻的一个种类,它只是用来说明借婚姻之名而违法结合的一个特定概念。无效婚姻本身并不称其为婚姻,它只是一种同居关系。无效婚姻的概念是在传统的,约定俗成的意义上使用的。

13. 无效婚姻有哪些种类?

(1)违反一夫一妻制的无效婚姻。法律规定,任何人不得同时有两个或两个以上的配偶,有配偶者违反一夫一妻原则而再行结婚的,构成重婚,重婚属于无效婚姻。

（2）当事人为禁止结婚的亲属关系的无效婚姻。禁止一定范围的亲属结婚是各国亲属立法的通例。在我国,法律规定禁止直系血亲和三代以内的旁系血亲结婚,凡违反该规定结婚的,都是无效婚姻。

（3）患有禁止结婚疾病的无效婚姻。禁止患有医学上认为不应当结婚的疾病的,属于无效婚姻。

（4）未到法定婚龄的无效婚姻。法律规定,男女双方必须达到法定婚龄才能结婚,一方或双方未到法定婚龄结婚的,是无效婚姻,法律不予承认。但应当指出,一方或双方当事人在结婚时未达到法定婚龄,在发生婚姻效力争议时,当事人双方均已达到法定婚龄并已办理了结婚登记的,则不对婚姻作无效的认定。

知识链接

因登记错误而导致婚姻无效的救济途径:

（1）行政救济。登记结婚行为是一种行政确认行为,因登记审查不严而造成的无效婚姻,理所当然由登记机关自行纠错,撤销错误登记。在这种救济途径下,行政诉讼应当作为行政自行纠错的后置程序,即当受害人在行政机关不愿意撤销结婚登记的情况下,可以向法院提起行政诉讼,要求撤销结婚登记,法院在审查相关登记材料的基础上,可以做出撤销登记的判决,以达到法律和事实的统一。其中,代领结婚证中可以提起行政救济的只能是被代领人,冒领结婚证中可以提起行政救济的只能是被冒领者,骗婚中可以提起行政救济的只能是被骗一方。

（2）民事诉讼救济途径。受害方可以向法院提起民事诉讼,要求确认婚姻无效或撤销"欺诈"婚姻,法院在受理后,应审查无效情形,进行确认。代领结婚证的,应根据受害方意志进行撤销;冒领结婚证的,应确认无效,通知行政机关予以撤销登记;骗婚的,除认定婚姻无效,通知行政机关依法撤销外,还要通知司法机关,追究相关人员的刑事责任。

14.哪些人或组织有权申请无效婚姻?

无效婚姻的请求权人,即有权依法向人民法院申请无效婚姻的主体,包括婚姻当事人及利害关系人。不同情形的无效婚姻,其利害关系人也有所不同,具体包括:

(1)以重婚为由申请宣告婚姻无效的,利害关系人为当事人的近亲属及基层组织。

(2)以未到法定年龄为由申请宣告婚姻无效的,利害关系人为未达法定年龄者的近亲属。

(3)以有禁止结婚的亲属关系为由申请宣告婚姻无效的,利害关系人为当事人的近亲属。

(4)以婚前患有医学上认为不应当结婚的疾病且婚后尚未治愈为由申请宣告婚姻无效的,利害关系人为与患病者共同生活的近亲属。

知识链接

当事人依法向人民法院申请宣告婚姻无效的,申请时法定的无效婚姻的情形已经消失的,人民法院不予支持。只要法定的无效婚姻的情形存在,享有请求权的当事人即可提出申请。

15. 宣告婚姻无效有哪些程序?

根据相关法律,只有人民法院才有权宣告婚姻无效。人民法院审理宣告婚姻无效案件,法院对婚姻效力的审理不适用调解,应当依法作出判决,判决一经作出即发生法律效力,当事人不得就婚姻效力问题提出上诉。但对于涉及无效婚姻财产分割和子女抚养的,可以调解。达成调解协议,另行制作调解书;以判决形式裁决的,当事人若对此不服,可以上诉。

知识链接

只要是无效的婚姻,自始不具有法律效力,当事人之间也不具有夫妻之间的权利和义务,应当予以解除。那么谁可以提出解除无效婚姻呢?

(1)任何人发现无效婚姻,都有权检举和揭发。

(2)当事人以及利害关系人可以向婚姻登记机关或人民法院提出该婚姻无效。

(3)婚姻登记机关和人民法院发现有无效婚姻的,应当主动依职权解除该婚姻。

婚姻登记机关和人民法院查明确实是无效婚姻时,应当收回被骗取的结婚证,宣告该婚姻无效,解除当事人之间的同居关系,并对同居期间的财产及所生子女作适当处理。

16. 无效婚姻有哪些法律后果?

无效婚姻的法律后果主要体现在四个方面:

(1)无效婚姻当然不产生婚姻的法律效力,当事人不具有夫妻的权利和义务。

(2)我国法律对无效婚姻与可撤销婚姻的效力均采取溯及既往的原则,无效婚姻经法院依法宣告婚姻无效后,该无效婚姻自始无效。

(3)无效婚姻双方当事人同居期间所得的财产,由当事人协议处理;协议不成时,由人民法院根据照顾无过错方的原则判决。对重婚导致婚姻无效的财产处理,不得侵害合法婚姻当事人的财产权益。

(4)无效婚姻当事人所生子女受法律保护,适用法律关于父母子女的规定。

知 识 链 接

《民法典》对婚姻无效制度作出明确的规定,有重要的法律意义:填补了婚姻立法的空白;避免不必要的法律冲突;使相关法律更好地与国际接轨;承担多方面社会职能。

17. 什么是可撤销婚姻?

可撤销婚姻,是指已经成立的婚姻因违反结婚的条件(主要指私益要件),经撤销权人申请,由有权机关依法予以撤销的婚姻。因胁迫而缔结的婚姻属于可撤销婚姻。因胁迫而结婚的,受胁迫的一方可以向婚姻登记机关或人民法院请求撤销该婚姻。所谓胁迫,是指行为人以给另一方当事人或者其近亲属的生命、身体健康、名誉、财产等方面造成危害为要挟,迫使另一方当事人违背真实意愿而结婚的情况。

知识链接

所谓胁迫,是指非法地以将要使他人遭受损害或者以直接对他人实施损害相威胁,使某人产生恐惧或者因受到损害而结婚。胁迫的手段有两种类型:

一是非法地以将要使他人产生损害相威胁,而使某人产生恐惧。将要发生的损害可以是涉及生命、身体、财产、名誉、自由、健康等方面的,并且没有法律依据。同时,这种损害必须是相当严重的,足以使被胁迫者感到恐惧。例如,以不与其结婚就伤害对方相威胁,而迫使对方与其结婚等。

二是直接对他人实施不法行为,给某人造成损害,而迫使该人与自己结婚。这种直接损害可以是对肉体的直接损害,如绑架对方,也可以是对精神的直接损害,如诽谤对方等。当事人在受到威胁而结婚时,其缔结婚姻关系的行为并不是出于其真实的意思表示,这就违反了婚姻法关于婚姻自由、结婚必须男女双方完全自愿的规定,因而法律赋予受胁迫的一方以撤销婚姻的请求权,使受胁迫的一方可以根据自己的意愿,来选择自己是否与对方结为夫妻。

18. 谁可以请求撤销婚姻?

有权提出撤销婚姻效力的申请人只能是因胁迫结婚的被胁迫人。这是由于因胁迫而缔结的婚姻,受胁迫方在缔结婚姻关系时,不能真实地表达自己的意愿,婚姻关系违背受胁迫方的意志。为了贯彻执行婚姻自由的基本原则,保护当事人的合法权益,让受胁迫方能充分地表达自己的婚姻意志,法律规定,尽管胁迫的婚姻已经成立,但是受胁迫方仍可以在胁迫的婚姻成立后向婚姻登记机关或者人民法院提出撤销其婚姻效力的申请。由于胁迫婚姻的另一方当事人在缔结婚姻关系时,并没有违背自己真实的婚姻意思,因此胁迫婚姻的这方当事人在婚姻关系成立后,没有提出撤销婚姻效力的请求权。

知识链接

受胁迫的一方请求撤销婚姻的,应当自结婚登记之日起一年内提出。被非法限制人身自由的当事人请求撤销婚姻的,应当自恢复人身自由之日起一年内提出。撤销权行使期间届满,撤销权消灭,受胁迫的一方不得再行请求撤销该婚姻,其所缔结的婚姻成为合法有效的婚姻。

19. 可撤销婚姻有哪些法律特征?

(1)可撤销婚姻是违反了当事人意愿的,是违反结婚自由原则的,主要表现形式有包办、买卖婚姻。

（2）可撤销婚姻是有婚姻事实的。

（3）可撤销婚姻是相对无效的,它有时间限制。

受胁迫一方撤销婚姻的请求,应在自结婚登记之日起一年内提出,被非法限制人身自由的当事人撤销婚姻的请求,应当自恢复人身自由之日起一年内提出,过了这个时间期限没有提出撤销请求,即视为有效婚姻。

知 识 链 接

受胁迫的一方当事人可向婚姻登记机关或人民法院请求撤销婚姻。人民法院审理婚姻当事人因受胁迫而请求撤销婚姻的案件应当适用简易程序或普通程序。

20. 夫妻之间有哪些权利与义务?

夫妻关系依据是否具有直接财产内容可以分为夫妻人身关系和夫妻财产关系两种。

夫妻之间的人身权利义务有以下几方面的内容:

（1）夫妻都有各用自己姓名的权利。

（2）夫妻都有生产、工作、学习和社会活动的自由,任何一方都不得对他方加以限制或干涉。

（3）在婚姻关系存续期间,夫妻有共同选择、决定婚后共同生活住所的权利。

（4）夫妻享有日常家事代理权,具体指夫妻一方因家庭事务而与第三人发生一定法律行为时享有的代理权。

夫妻之间的财产权利义务主要有以下几个方面的内容：

（1）夫妻财产制。我国夫妻财产制是婚后所得共同制。

（2）夫妻有互相扶养的义务。一方不履行扶养义务时，需要扶养的一方，有要求对方付给扶养费的权利。

（3）夫妻作为第一顺序法定继承人相互享有继承权。

知识链接

夫妻的权利与义务，是指具备合法夫妻效力的男女之间相互享有的特定权利和负担的特定义务，同时包括夫妻作为婚姻共同体的代表对第三人享有的权利和负担的义务。夫妻间的权利与义务，是婚姻对当事人的法律拘束力的主要表现，包括夫妻间在身份法上的效力和财产法上的效力。

21. 亲子之间有哪些权利与义务?

父母子女关系，也称亲子关系，是指父母和子女之间的权利、义务关系。父母子女关系可以分为婚生父母子女、非婚生父母子女、养父母养子女和继父母继子女四类。

（1）婚生父母子女之间的权利义务

①父母对子女有抚养教育的义务。父母不履行抚养义务时，未成年的或不能独立生活的成年子女，有要求父母付给抚养费的权利。

②子女对父母有赡养扶助的义务。子女不履行赡养义务时，无劳动能力的或生活困难的父母，有要求子女付给赡养费的权利。禁止溺婴、弃婴和其他残害婴儿的行为。

③子女可以随父姓,也可以随母姓。

④父母有管教和保护未成年子女的权利和义务,在未成年子女对国家、集体或他人造成损害时,父母有承担民事责任的义务。

⑤父母和子女有相互继承遗产的权利。

⑥子女应当尊重父母的婚姻权利,不得干涉父母再婚以及婚后的生活;子女对父母的赡养义务,不因父母的婚姻关系变化而终止。

(2)非婚生父母子女之间的权利义务

①非婚生子女享有与婚生子女同等的权利,任何人不得加以危害和歧视。

②非婚生子女的生父母,都应负担子女的生活费和教育费,直至子女能独立生活为止。

③非婚生父母子女之间相互享有继承权。

(3)养父母和养子女间的权利和义务

①养父母子女之间的权利义务适用《民法典》对婚生父母子女关系的有关规定,但对于养子女的姓氏,《民法典》规定可以随养父或养母的姓,经过协商同意可以保留原姓。

②养子女和养父母的其他亲属之间的权利和义务适用《民法典》,对子女和其他亲属之间权利义务的有关规定。

③养子女和生父母间的权利和义务,因收养关系的成立而暂停,在收养关系解除后生父母与生子女之间的权利义务关系恢复。

(4)继父或继母与继子女之间的权利义务

①继父母与继子女间,不得虐待或歧视。

②继父或继母和受其抚养教育的继子女间的权利和义务,适用《民法典》对婚生父母子女关系的有关规定。

③有扶养关系的继父母与继子女作为第一顺序继承人相互享有继

承权。

知识链接

　　其他家庭成员之间的权利义务,包括祖孙之间的权利和义务与兄弟姐妹之间的权利和义务。

　　祖孙之间的权利义务主要有:

　　(1)有负担能力的祖父母、外祖父母,对于父母已经死亡或父母无力抚养的未成年的孙子女、外孙子女,有抚养的义务。

　　(2)有负担能力的孙子女、外孙子女,对于子女已经死亡或子女无力赡养的祖父母、外祖父母,有赡养的义务。

　　(3)祖孙之间依据《民法典》的规定作为第二顺序继承人相互享有继承权。

　　兄弟姐妹之间的权利义务主要有:

　　(1)有负担能力的兄、姐,对于父母已经死亡或父母无力抚养的未成年的弟、妹,有扶养的义务。

　　(2)由兄、姐扶养长大的有负担能力的弟、妹,对于缺乏劳动能力又缺乏生活来源的兄、姐,有扶养的义务。

　　(3)兄弟姐妹之间作为第二顺序继承人相互享有继承权。

22. 什么是登记离婚?

　　登记离婚也称行政程序离婚,是指夫妻双方自愿离婚,并对与离婚有关的子女和财产问题达成协议,经过有关行政部门依法解除婚姻关系的一种离婚制度。登记离婚必须符合法定条件,履行法定程序。

2021年1月1日起《民法典》实施,为了贯彻《民法典》有关离婚冷静期制度的规定,民政部对婚姻登记程序进行调整,在离婚程序中增加冷静期。新调整后的离婚登记程序包括申请、受理、冷静期、审查、登记(发证)等。

23. 登记离婚有哪些条件?

(1)双方自愿离婚。当事人双方须有离婚的合意,双方对离婚的意愿必须是自愿、真实、一致的。

(2)双方对子女和财产问题已有适当处理。离婚不仅是解除夫妻人身关系,对夫妻财产关系也会产生相应的影响,同时涉及子女的抚养教育问题。因此,登记离婚时,双方必须对夫妻共同财产分割、债务清偿以及子女的抚养教育等问题作出恰当、合理的安排,并达成一致的协议。

办理离婚登记的当事人有下列情形之一的,婚姻登记机关不予受理:

(1)未达成离婚协议的。

(2)属于无民事行为能力人或者限制民事行为能力人的。

(3)其结婚登记不是在中国内地办理的。

婚姻登记机关对不符合离婚登记条件的,不予受理,但应当给当事人出具《不予办理离婚登记通知单》,并提供有关法律咨询服务。

24. 登记离婚有哪些程序？

（1）申请。夫妻双方自愿离婚的,应当签订书面离婚协议,共同到有管辖权的婚姻登记机关提出申请,并提供相关证件和证明材料。

（2）受理。婚姻登记员按照《婚姻登记工作规范》有关规定对当事人提交的材料进行初审,对当事人提交的证件和证明材料初审无误后,发给《离婚登记申请受理回执单》。不符合离婚登记申请条件的,不予受理。当事人要求出具《不予受理离婚登记申请告知书》的,应当出具。

（3）冷静期。自婚姻登记机关收到离婚登记申请并向当事人发放《离婚登记申请受理回执单》之日起三十日内,任何一方不愿意离婚的,可以持本人有效身份证件和《离婚登记申请受理回执单》(遗失的可不提供,但需书面说明情况),向受理离婚登记申请的婚姻登记机关撤回离婚登记申请,并亲自填写《撤回离婚登记申请书》。经婚姻登记机关核实无误后,发给《撤回离婚登记申请确认单》,并将《离婚登记申请书》《撤回离婚登记申请书》与《撤回离婚登记申请确认单(存根联)》一并存档。自离婚冷静期届满后三十日内,双方未共同到婚姻登记机关申请发给离婚证的,视为撤回离婚登记申请。

（4）审查。自离婚冷静期届满后三十日内(期间届满的最后一日是节假日的,以节假日后的第一日为期限届满的日期),双方当事人应当持《婚姻登记工作规范》第五十五条第(四)至(七)项规定的证件和材料,共同到婚姻登记机关申请发给离婚证。婚姻登记机关按照《婚姻登记工作规范》规定的程序和条件执行和审查。婚姻登记机关对不符合离婚登记条件的,不予办理。当事人要求出具《不予办理离婚登记告知书》的,应当出具。

（5）登记（发证）。婚姻登记机关按照《婚姻登记工作规范》规定，予以登记，发离婚证。

知识链接

在办理离婚登记手续之前，最好做好以下几个方面的注意事项：

（1）拟写好离婚协议书。

（2）控制、调节好自己的心情。

（3）尽量不要让亲友参加登记离婚的过程。

（4）提前摸清办理离婚登记的时间和所带的证件。

25. 什么是诉讼离婚?

诉讼离婚是指夫妻双方对离婚或者离婚后子女抚养或财产分割等问题不能达成协议，由夫妻一方向人民法院起诉并由法院判决的一种离婚制度。

知识链接

（1）关于现役军人离婚的特别规定。现役军人的配偶要求离婚，须征得军人同意，但军人一方有重大过错的除外。军人一方有重大过错是指具有以下情形之一：重婚或有配偶者与他人同居的，实施家庭暴力或虐待、遗弃家庭成员的；有赌博、吸毒等恶习屡教不改的。该规定是对非军人一方离婚请求权的限制性规定，是对现役军人的特殊保护。对现役军人的婚姻予以特殊保护，关系到巩固国防，符合国家和人民的利益。

（2）关于女方在特殊情况下离婚的特别规定。女方在怀孕期间、分娩后一年内或中止妊娠后六个月内,男方不得提出离婚。女方提出离婚的,或人民法院认为确有必要受理男方离婚请求的,不在此限。该规定是为了保护妇女和婴儿、胎儿的身心健康,是在一定条件下对男方离婚请求权的一种限制。应当指出,这一限制不是禁止男方提出离婚要求,只是在时间上予以限制而已。

26. 诉讼离婚的法定标准有哪些?

(1)感情确已破裂。法定离婚理由是法律规定的人民法院审理离婚案件是否准予离婚的规范性标准。诉讼离婚的法定理由是"感情确已破裂"。人民法院审理离婚案件,应当进行调解;如感情确已破裂,调解无效,应准予离婚。

(2)感情确已破裂的例示性规定。为弥补"感情确已破裂"这一概括性离婚标准过于笼统难以操作的缺陷,《民法典》列举了常见的四类具体离婚原因,作为认定夫妻感情确已破裂、判决准予离婚的四种法定情形,使法定离婚理由的概括性规定与列举性规定互相补充、结合运用。这四类法定情形包括:重婚或有配偶者与他人同居的;实施家庭暴力或虐待、遗弃家庭成员的;有赌博、吸毒等恶习屡教不改的;因感情不和分居满二年的。

知识链接

确认感情是否破裂,除了上述的几种情形外,还应从下面几个方面入手,全面分析、判断:

(1)看婚姻基础。婚姻基础是双方建立婚姻关系时的感情状况和相互了解的程度。它是缔结婚姻关系的起点,对婚后感情的建立、矛盾的化解起重要的作用。看婚姻基础就是要了解双方认识的方式、结婚动机及目的。一般而言,婚姻基础好,婚后感情也会十分融洽,即使产生了矛盾,消除矛盾维持婚姻的可能性也大。反之,婚姻基础差,婚后难以建立起真正的感情,出现矛盾,就难以调和。

（2）看婚后感情。在分析婚后感情时,应联系婚姻基础,分析夫妻婚后感情发展变化,判断双方的感情发展方向。

（3）看离婚原因。离婚原因是原告提出离婚的主要依据,也是原、被告在诉讼过程中争执的集点和核心。双方为争取胜诉,常掩饰其离婚的真实动机、扩大事实甚至捏造事实。在分析离婚原因时必须注意查清离婚的真正原因,分清是非、明确责任,正确判断夫妻感情破裂的程度。

（4）看夫妻关系的现状及有无和好可能性。在上述三看基础上,进一步观察夫妻关系现状及把握各种有利于夫妻和好的因素,对今后双方关系的发展前途作出预测。

27. 诉讼离婚有哪些程序?

（1）调解。人民法院审理离婚案件,应当根据自愿和合法的原则进行调解。调解无效的,才依法予以判决。离婚诉讼中的调解通常有三种结果:双方达成和好协议,原告撤诉,审判人员将调解协议记录在卷;双方达成离婚协议,审判人员按调解协议内容制作离婚调解书,离婚调解书与离婚判决书的法律效力相同,双方领取了离婚调解书,夫妻关系即告解除;协议不成,调解无效,人民法院应依法作出判决。

（2）判决。人民法院审理离婚案件调解无效,依法应进行判决。如果夫妻感情尚未破裂,可依法判决不准离婚;如果夫妻感情确已破裂,经调解和好无效的,可依法判决准予离婚。

知识链接

诉讼外调解,也称诉前调解、行政调解,是指对夫妻一方要求离婚的,可以先经有关部门进行调解。这里的有关部门,是指法院以外的有关部门,包括当事人所在单位、妇联、基层调解组织和行政主管部门。

诉讼外的调解不是当事人要求离婚的必经程序,不具有法律强制性,也不是离婚的必经程序。婚姻当事人可以自由决定是否先经过诉讼外的调解程序,经过哪个机关调解。诉讼外调解不影响婚姻当事人直接向人民法院提出离婚诉讼。所以对诉讼外调解必须遵循自愿、合法原则,不得对婚姻当事人进行强迫调解。

由于有关部门对婚姻双方当事人及其矛盾都有一定了解,可以做到对症下药,在实践中对及时解决当事人之间的婚姻家庭纠纷,防止矛盾进一步激化,起着积极作用。而且在诉讼外调解中"有关机关"不是裁判机关,双方当事人的对立性不强,可以做到不进一步伤害夫妻感情、改善夫妻关系、消除对立情绪,所以易为当事人接受,它有效防止了当事人轻率离婚,或者促使双方达成离婚协议。

第二章 夫妻关系与离婚问题

28. 什么是夫妻关系？

夫妻关系是指符合结婚条件的男女,以共同生活为目的,依法结为配偶的特殊人际关系。我国夫妻关系的基本法律原则之一是夫妻在家庭中地位平等,这就要求夫妻互相忠实、互相尊重,反对性别歧视、禁止家庭暴力、禁止成员之间的虐待和遗弃,尤其要保护妇女在家庭生活中的各项合法权益。夫妻关系是一切亲属关系的本源,在家庭关系中处于核心地位,而家庭又是社会构成的基本细胞,因此正确处理好夫妻关系将有利于家庭的稳定,从而有利于社会的和谐。

知识链接

夫妻关系出现问题,往往有以下征兆:

(1)不愿意沟通交流。当两个人都不愿意主动听对方说话时,意味着两个人的关系出现了裂痕。

(2)不信任彼此。对对方的一切话语都抱着怀疑的态度,那么两个人的关系一定出了问题。

(3)性生活不和谐。当对于对方性生活的要求爱答不理,在性生活中不复以往和谐的情况下,需要两个人好好沟通以缓和关系,否则这将成为夫妻问题的导火索。

29. 良好夫妻关系的标准有哪些?

(1)精神层面的沟通。夫妻关系中达到和谐的境界就是精神层面可以沟通,不会出现"鸡同鸭讲"的局面。此外,夫妻对于双方的兴趣爱好、人生观、世界观、价值追求和生活目标在大方向上一致,在小方面相互理解的话,这样才能营造和谐的家庭氛围和良性的夫妻关系。婚姻是以物质为基础的奢侈的精神享受,精神的融合才是美满的状态。

(2)关注对方发展。婚姻中需要的是两个人朝同一个方向望去,而在共同构建生活的时候,也不要忘记关心伴侣的心理活动,关注伴侣的发展。丈夫和妻子对于对方事业的发展都有清晰明了的规划,时刻关注对方的发展方向和现状,当对方在生活工作中遇到困难时能够理解并积极沟通,寻求解决方法,这才是齐头并进的婚姻关系。

(3)求同存异容忍分歧。任何一种关系都不可能永远和谐不吵架,在婚姻中,夫妻双方能够适度容忍对方的缺点,面对分歧时尽量追求和平有效的解决方式,理性对待,不盲目做出带有极端情感倾向的抉择,这一点是非常重要的。

(4)权利义务平等。新型婚姻关系与传统的封建婚姻不同之处在于,男女双方享有较为平等的权利和义务,女性不再处于被压迫被剥削的地位,男性"唯一经济来源"的地位也不复存在。双方对于家庭的财政事物和琐事处理等方面能够诚恳相商、平权处理,是现代良性夫妻关系的象征。

知识链接

做好夫妻关系的调试与保健工作,要从以下几点努力:

（1）理解、尊重。我们常说理解万岁，在夫妻关系中这一点尤为重要。夫妻通过经常性的沟通交流才能够达到理解对方的境界。在交流中要秉持诚实、尊重、宽容的态度，不随意指责不经常抱怨，更不要咄咄逼人、强词夺理。

（2）寻求共通。爱情需要保鲜，夫妻两人应学会在日常生活中在对方身上寻找爱的共振点。求同存异，相互扶持。可以在事业上给予对方力所能及的帮助，体贴对方的心情。

（3）适应差异。求同存异在夫妻关系中也非常重要，两个人不可能在所有方面都能保持统一，这就需要双方接受对方与自己的不同之处，逐渐理解磨合。

（4）尊重隐私。虽然我们提倡夫妻之间的坦诚和推心置腹，但这不意味着没有自己的空间和隐私。夫妻双方都有权利拥有并守护自己的秘密天地和社交圈。不威胁婚姻现状的隐私和敏感话题就不要追究下去，让两个人有自己的空间。

（5）和谐的性生活。和谐的性生活是夫妻关系健康的基础，在性生活中进行一些创新和情趣，有利于增进感情。不要因为老夫老妻了，就把性当成是例行公事一般。

30. 什么是涉外婚姻？

涉外婚姻是指婚姻双方当事人中有一方为外国国籍的婚姻。涉外婚姻法律问题主要涉及涉外结婚和涉外离婚问题。涉外婚姻关系的处理通常涉及不同国家的法律冲突问题。1983年8月26日民政部颁行的

《中国公民同外国人办理婚姻登记的几项规定》中涉及我国内地发生的涉外结婚、涉外离婚问题的具体规定。经过发展，于《民法典》中设有专章规定了涉外民事关系的法律适用原则和准据法的选择。

知识链接

　　根据《涉外民事关系法律适用法》，在我国内地的涉外离婚纠纷，涉及诉讼程序的应适用法院所在地法律；涉及协议离婚的，以当事人选择为先，当事人可以选择一方当事人经常居所地法律或国籍国法律，若当事人没有选择，则优先适用共同经常居所地，无共同经常居所地的适用共同国籍国，无共同国籍的适用办理离婚手续机构所在地的法律法规。

　　除此之外，人民法院审理涉外离婚案件，应根据我国《民法典》和有关规定进行判决，包括因离婚而引起的子女抚养归属、抚养费的负担、共同财产的分割、债务清偿等等问题。学者认为，通常涉外离婚案件中，子女抚养费的给付原则上应当一次性进行，这是因为我国目前尚未同所有国家签订司法协助协议，若不一次性进行则可能带来新的纠纷。

31. 如何办理涉外结婚手续？

　　涉外结婚最不容易分辨清楚的就是法律问题，因为当事人双方存在国籍不同的问题，涉外婚姻要依据哪里的法律就成为一个难题。根据相关规定：当事人双方有共同经常居住地的，婚姻适用居住地法律；当事人双方没有共同经常居住地的，国籍相同的情况下，适用共同国家法律；当事人双方没有经常共同居住地的，也没有共同国籍的，在一方当事人经常居住地或者国籍缔结婚姻的，适用婚姻缔结地法律。

解决了法律问题,接下来就是办理结婚登记要去哪里的问题。首先,如果在国内办理结婚登记的,需要到内地居民常住户口所在地婚姻登记机关办理。其次,登记机关也有级别上的要求,双方需到省级人民政府民政部门或者省级人民政府民政部门确定的机关办理。根据登记部门的要求提交相关的材料。比如公证机构出具无配偶证明等。

需要注意的是,如果在国外进行登记结婚的,只要不违背《民法典》的基本原则和社会公共利益,其婚姻关系在中国境内是有效的,不必在中国境内再次办理结婚登记或承认手续。

知识链接

办理涉外结婚登记的程序为:

(1)提交双方婚姻状况证明,国外的证明必须经过公证机构公证。

(2)提交申请人所在单位的上级人事主管部门关于申请人与另一方是未婚夫妻的证明。

(3)提交外国人员出具的公证机构公证或我国驻外使领馆认证要求国内人员去完婚的证明。

(4)前往未与我国建交的国家必须提交有效的入境证明。

32. 如何办理涉外离婚手续?

在我国,离婚的方式有协议离婚和诉讼离婚。协议离婚的,可以在内地居民常住户口所在地的婚姻登记机关办理离婚登记。诉讼离婚的,向被告住所地的基层人民法院提起诉讼,如果被告在中国没有住所的,可以向原告住所地的人民法院提起诉讼。

在涉外离婚中,无论是双方自愿离婚还是一方要求离婚,最好能通过诉讼程序由我国法院作出判决的方式离婚。这是因为有些国家只承认法院判决的离婚。在双方达成一致的情况下,有些法院可以用简易程序当场为双方办妥离婚手续。

知识链接

办理涉外离婚登记程序为:

(1)夫妻双方共同到婚姻登记处提出离婚申请,中国公民同外国人在中国内地自愿离婚的,内地居民同香港居民、澳门居民、台湾居民、华侨在中国内地自愿离婚的,男女双方应当共同到内地居民常住户口所在地的婚姻登记机关办理离婚登记。

(2)离婚登记当事人双方填写《离婚登记声明书》。

(3)离婚登记当事人双方在离婚协议书上签署,同意协议内容,并在婚姻登记员面前,在《离婚登记协议书》协议人一栏签名。

(4)婚姻登记机关对办理离婚登记当事人提交的证件、协议书、证明材料进行审查。符合离婚条件的,予以登记,发放离婚证。

33. 夫妻关系纠纷有哪些类型?

现实中,夫妻关系常见的纠纷主要为两类:

一是涉及夫妻人身关系的纠纷。夫妻人身关系是指与夫妻的人格和身份相关而不具有直接经济因素的权利义务关系,包括互相忠实,独立的姓名权,参加生产、工作、学习和社会活动的自由权以及实行计划生育的权利义务等。正确处理夫妻人身关系对于增进夫妻感情、稳定婚姻关系具有重要意义。实践中,因夫妻未能履行忠实义务而发生纠纷,并最终导致离婚的案件不乏其数。

二是涉及夫妻财产关系的纠纷。夫妻财产关系以夫妻身份关系为前提,是实现家庭经济职能的基础性要素,包括夫妻的财产所有权、夫妻之间的扶养关系和夫妻财产继承权等。日常生活中,涉及夫妻财产所有权的纠纷时有发生,其中又以夫妻债务清偿、夫妻关系终止时夫妻财产的清算和分割、夫妻婚前财产和婚后所得财产的归属、管理、使用、收益和处分类纠纷为多。

知识链接

建立良好的夫妻关系,要做到以下几个方面:

(1)正确面对理想和现实。所有的现实与理想之间都是存在差距的,更何况是婚姻。影视和小说中的"一生一世一双人"只是浪漫主义的展现。生活中你即使有再多的梦想和渴望,也都要有一个清醒的头脑。婚姻如同生活,甚至如同生命本身,它并非永恒的激越,而是平淡中相互扶持。

(2)加强夫妻之间的了解和沟通。无论是结婚多久的夫妻,他们之间最大的问题依然是不了解对方。人是会变化的,所有人都一样。无论是喜好还是兴趣,抑或是对伴侣的需求,都会随着时间的流逝而产生潜移默化的变化。因此,夫妻之间应多交流沟通,以便了解对方心理的变化。

(3)出现问题求助专业人士。对于两个无论是从个性、生活环境还是学历、工作环境都不太相同的人而言,在同一屋檐下生活的时候产生矛盾是很正常的事情。夫妻共同努力,及时并合理、理智地解决问题就能最大限度降低矛盾带来的伤害。这就需要夫妻双方及时咨询相关专家,向专业人士寻求一定的帮助,不要随意听信亲朋好友的帮忙,他们毕竟没有专业的知识和丰富的经验。

34. 调解婚姻家庭纠纷的总体原则是什么?

(1)合法原则。婚姻家庭纠纷涉及个人和家庭的日常工作和生活内容。我国传统道德规范的很大部分针对的就是婚姻家庭生活领域。随着我国现代化建设不断进步,婚姻家庭领域的道德观念也在急剧变化,很多封建思想被抛弃。《民法典》颁布实施后,法律加强了对婚姻家庭关系的调整,以平等保护家庭成员的合法权益。所以,调解婚姻家庭纠纷,不能违反《民法典》的强制性规定,特别要注意保护妇女、儿童和老年人的合法权益,避免传统人身依附思想和"三从四德"封建思想的残余。

(2)公平原则。不管是夫妻反目,还是父母子女矛盾激化,背后的原因往往是复杂的。与之相对应的,婚姻家庭生活的内容是丰富的,当发生矛盾时,对与错的区分往往并不容易,事实往往比较模糊。因此,调解纠纷,应当公平优先,应当对家庭成员的优缺点以及对家庭的贡献作出基本的衡量,在此基础上促成双方形成协商的可能性。只有有效地贯彻公平原则,才能使双方对调解建立信任,并愿意通过调解寻找可能的纠纷解决方案。

(3)婚姻自由原则。婚姻自由包括结婚自由和离婚自由,是我国《宪法》赋予每个公民的权利,任何人都无权干涉。因此,开展调解工作时,要坚持婚姻自由原则,对各种干涉婚姻自由的行为予以批评教育。

(4)自愿原则。调解的原则是自愿,利用任何方式对当事人施加强制都是违法的。当事人可能做出违背道德的举动,应当受到社会的唾弃,应当对其进行批评教育;如果当事人的行为违反了法律的规定,则应按法律规定的程序进行处理,而不能强迫其承担责任。社区调解工作作为一种矛盾化解的程序,只是帮助纠纷双方当事人协商解决纠纷,而不是替当事人作出决定。

知识链接

　　家庭是社会的基本组成部分,家庭的和谐是社会和谐的基础。婚姻家庭纠纷事件越来越多,势必对社区生活和社会稳定产生一定影响,和睦的婚姻家庭关系,有助于建立社区的和谐与稳定,进而实现社会的和谐与稳定。婚姻家庭关系具有长期性特点,如果矛盾处理不当,不仅会影响家庭的和谐,也会影响社区及社会的稳定。

35. 调解婚姻家庭纠纷的主要方法有哪些?

　　(1)缓和矛盾。婚姻家庭纠纷多由琐事日积月累引起,一旦爆发容易使矛盾极度对立,要马上彻底解决双方的矛盾并非易事。因此,首先要做好缓和双方矛盾的工作,确保矛盾不进一步恶化,以免造成难以挽回的后果影响社会的和谐稳定。

　　(2)疏导情绪。婚姻家庭纠纷,往往与感情上的纠纷有关。要解决双方的矛盾,首先要在情绪疏导上做工作,帮助双方回想感情好的时光,逐步发现对方的优点,理性包容对方的缺点,使当事人逐步回到对对方的现实看法中。情绪上的不理性因素渐渐消除后,调解处理纠纷的工作难度就会逐步降低。

　　(3)借助外力。父母子女之间或夫妻之间的纠葛,往往因双方之间情感互动出现问题而产生。因此,单纯依赖夫妻双方难以将矛盾及时化解。这时要借助双方共同的熟人,如与双方关系密切的朋友、有较高威望的长辈、单位领导等参与调解。通过家族的威望或组织的力量来教育存在一定过错的一方,形成双方当事人关系新的均衡,调解工作就会事半功倍。

(4)抓住主要矛盾。婚姻家庭矛盾的起因是多样的,如在互谅互让的前提下,一家人可以相安无事,但有时也会因一个矛盾触发而导致关系紧张。因此,虽然双方争吵时出现的争执点很多,但关键问题往往只有一两个。调解工作要重在抓住主要问题,将双方最大的对立面尽可能消除,其余问题就可以迎刃而解。

(5)亲情唤起。亲情唤起是婚姻家庭纠纷化解中最常见、最有效也是最独特的方法,这主要源于婚姻家庭关系的本质和内容主要是情感。亲情是世界上最牢不可破也最无私的情感。唤起亲情,等于唤起了当事人之间最深的纽带,双方在面对矛盾时就会相对克制,矛盾化解也就有了抓手。但是,类似"这是你自己的孩子""这是你自己的父母"的话,可能并不是总有用,只有在双方情绪和缓时,帮助唤起当事人对亲情的感受,才能带来较好的效果,否则可能得到的是"我没有这样的孩子""我没有这样的父母"的决绝表态,反而加剧对立,不利于矛盾解决。

知识链接

对于婚姻家庭纠纷,采取调解方式解决具有一定的优势。

首先,婚姻家庭纠纷的性质适合调解。婚姻家庭纠纷多源于日常生活,日积月累,很多事实和道理说不清道不明,法律往往难以为当事人提供直接有效的帮助。由于更多情理和道德的因素渗透其中,第三方适当介入调解往往是解决纠纷比较好的途径。

其次,调解具有自愿性和灵活性等多重优势,对解决纠纷有促进作用。婚姻家庭类纠纷通过法律特别是司法途径解决,往往不具备足够的政策弹性,解决方案不一定能照顾到当事人每一项具体的需求。而调解属于当事人意思自治范畴,法律在当事人未违反法律禁止性规定的情况下一般不介入。

当事人可以就婚姻家庭领域的各种问题,通过调解的方式尽量得到公平合理的解决,因为调解方式具有解决问题的广泛性、解决手段的灵活性等特殊的优势。最后,调解可以为当事人留有颜面,保持继续友好交往的可能,有利于社区和家庭的长久和谐。中国传统文化中,撕破脸皮的事一旦发生,双方的感情和关系就很难恢复。如法庭上的一决雌雄,可能会导致各方关系彻底走向破裂,难以再度和好。调解则破除了处理结果中你赢我输的对立,建立了双赢的格局,保留了双方的尊严,不仅纠纷易于解决,对未来关系的维持也留有了余地,这对于社区的和谐稳定无疑具有很好的作用。

36. 如何调解夫妻关系纠纷?

(1)尽量稳定婚姻关系。夫妻关系纠纷如处理不当,易导致夫妻感情破裂,所以稳定婚姻关系是对夫妻关系纠纷进行调解处理时首先要遵循的原则。俗话说,清官难断家务事。但是在调解时,仍应针对双方纠纷的集中点,向双方阐明是非,抓住双方感情的维系点,尽量让双方做换位思考。社区调解人员应多了解纠纷的起源、实质及双方纠纷症结所在,做好双方当事人工作;多从情理出发,化解双方矛盾,妥善处理纠纷。

(2)尽力倡导夫妻平等。调解处理夫妻关系纠纷时,应注意纠正男尊女卑的封建思想,提倡平等的夫妻关系,并分情况宣传夫妻应互相尊重,夫妻在家庭中地位平等,一方不要对另一方加以不当限制或干涉,夫妻对共同所有的财产有平等的处理权,夫妻应互相忠实,并有互相扶养的义务等基本法律知识。尤其在调解处理夫妻关系存续期间的财产纠纷时,应宣传夫妻对婚姻关系存续期间所得的财产以及婚前财产的约定,对双方具有约束力。如双方未作约定或约定不明确,则在依法区分夫妻个人财产的前提下,告知夫妻在婚姻关系存续期间所得的财产为夫妻共同财产,双方均有平等处理权。需要注意的是,调解中应慎防夫妻一方或双方利用纠纷转移夫妻共同财产,如发现此类现象,应及时指导受害方采取必要的法律救济措施,以防损失扩大。

知识链接

化解夫妻矛盾的建议:

(1)冷处理。冷处理不是搁置争议,而是要等到双方心态平和能够理智看待问题的时候再处理。否则大家都在气头上,什么话都说得出,什么事都做得出,非常不利于事情的解决。

(2)多倾听。要多听对方的观点,站在对方的角度考虑问题,不能只顾着自己的要求得没得到满足。

(3)不冲动。有理不在声高。双方都应该做到心平气和、诚心正意,不要逞一时之快而说大话甚至动手,这样会造成难以弥补的裂痕。

(4)不揭短。很多人在争吵时喜欢揭对方的短处和过去的事情,用对方其他的错误来进行攻击,这不是解决问题的好方法,反而会让矛盾激化。

(5)不动手。君子动口不动手,对于女性也一样。双方都不能以武力来寻求解决,武力是家庭暴力。虽然我国目前对于家庭暴力的界定和惩治法律尚未完善,但这种行为终究过不去人类道德准则这一关。

(6)多宽容。宽容不意味着忍让,而是要切身站在对方角度思考,该退一步就退一步,该进一步再进一步。如果对方确实有苦衷,努力去理解,即使自己受了委屈也不要一味责怪别人。

(7)不离家。少女性在争吵之后都喜欢回娘家,而男性会摔门而出找朋友倾诉。争吵后离家是非常不利于关系调和的,相反会让本就有矛盾的两个人站在更大的对立面上。

(8)不分居。分居造成的后果基本与离家一样,双方互不理睬的冷战行为对夫妻关系的弥合是有很大危害的。

(9)不记仇。夫妻之间的争吵是正常现象,但如果在争吵过后记仇的话就不正常了,也不利于双方前进。

(10)不轻易离婚。不轻易离婚并不是说在遇到不可调和的矛盾时一味忍让,而是不要在事情真相没有揭开、双方情绪十分激动、无法冷静的情况下,因为一时的口舌之快而离婚。如果触及了底线,真的无法弥合,再离婚。婚姻关系的破裂对于两个人而言都是伤害,如果因为爱走到一起,那么就不要盲目分开。

37. 什么是同居?

所谓同居,是指男女双方没有依法缔结正式的婚姻关系而在一起共同居住生活。它包括两大类:一类是双方均为无配偶者的同居。它又可分为两种情形:一是双方仅为一种单纯的同居关系或者以"试婚"为名的同居;二是双方以夫妻互待的共同生活。另一类是有配偶者在婚姻关系以外与他人同居。

知识链接

在提到同居关系时,就不能不提到事实婚姻问题。所谓事实婚姻,是指没有配偶的男女双方,未经结婚登记即以夫妻名义同居生活,群众也认为是夫妻关系的结合。对于事实婚姻,一般认为只有形成于我国《婚姻法》颁布实施以前的,才认可其法律效力,即作为合法婚姻对待。

38. 同居可能产生哪些纠纷?

没有配偶的一男一女出于自愿而同居生活(含"试婚"同居)现象的存在,主要是因为社会环境发生了一些变化,一些人对两性关系采取了轻率放任的态度。虽然这种行为不利于维护正常的社会秩序,容易产生各种纠纷,但这是人们对自己生活状态的选择,是自己价值观的体现,主要应由道德规范予以调整,我国对此不鼓励,也并未明文禁止。未婚同居这种共同生活状态在法律上与婚姻关系有明显的区别:如果仅仅是单纯的同居而没有财产或者子女抚养方面的纠纷,就不属于法律调整的对象和范围;如果因为财产或者未婚同居生育的子女抚养而发生纠纷,应先由双方协商解决,协商不成时可以提起诉讼。

没有配偶且又没有婚姻障碍的一男一女以夫妻互待同居生活的,应当补办结婚登记手续。如果向法院提起"离婚"诉讼而又没有补办结婚登记的,人民法院应当依法解除其同居关系。如果涉及非婚生子女的抚养问题,可以由双方协商;协商不成,人民法院应根据子女的利益以及双方的具体情况判决。如果因同居期间的财产问题发生纠纷,应按一般财产关系处理:即同居生活期间双方共同所得的收入和购置的财产,按一般共有财产处理;同居生活期间双方各自继承或受赠的财产,应按个人财产对待;同居生活期间共同生活和经营的债权债务,可按共同债权债务处理。在同居期间,一方死亡,另一方要求继承遗产的,只有在其履行了规定的主要扶养义务的情况下,才能作为法定继承人以外的人分得适当的财产。

知识链接

　　现行《民法典》明文禁止有配偶者与他人同居的行为。按照最高人民法院相关司法解释的规定,有配偶者与他人同居的情形"是指有配偶者与婚外异性,不以夫妻名义,持续、稳定地共同生活"。这种情况双方应当解除同居关系,必要时可以追究行为人的责任。有配偶者与他人同居或明知他人有配偶而同居的,如果双方以夫妻名义生活,根据《刑法》的规定构成重婚,将被追究刑事责任。对重婚导致的无效婚姻的财产处理,不得侵害合法婚姻当事人的财产权益,但无效婚姻当事人所生子女的权益仍然受到保护。有配偶者与他人同居,无过错配偶在离婚时请求过错方给予损害赔偿的,人民法院应当支持。

39. 如何调解同居纠纷?

　　(1)协议解除同居关系。同居是双方自愿选择的一种生活方式,但这种关系是脆弱的两性关系,不仅同居双方的利益无法得到法律保障,而且增加了社会的负担和不安定因素。在双方不愿继续同居时,应以明智的态度,通过协议解除同居关系,就同居期间的财产、债务,甚至包括感情、子女等事项做出妥善处理。虽法律未明文规定可以通过协议解除同居关系,但这种协议未违反法律规定,且可以达到解除同居关系的目的,应受到法律保护。另外,解除同居毕竟对同居者的人生有较大影响,为了做到稳妥,特别是考虑有关子女抚养、财产分割以及以后结婚等问题,同居双方亦可通过诉讼方式解除同居关系。

(2)保护非婚生子女利益。同居是一种非正常的男女生活方式,不为法律所认可和保护,但同居期间男女双方所生子女仍然受法律保护。非婚生子女的出生,主要是父母的过错,子女本身并无过错,任何歧视非婚生子女的思想和行为都是错误的。非婚生子女享有与婚生子女同等的权利,任何人不得加以危害和歧视。非婚生子女与婚生子女的法律地位是完全相同的。

(3)依法分割同居期间所得财产。处理同居期间的财产和债务时,应遵守如下规定:同居期间,双方对财产、债务有约定的,从其约定;无约定的,解除同居关系时,应由双方协议;协议不成时,由人民法院根据财产的具体情况,按照照顾子女和女方权益的原则判决。在分割财产时,要把同居双方共同财产与下列财产区别开来:一是与同居双方个人所有的财产区别开来,约定同居期间归各自所有的财产以及法定属于同居一方所有的财产,不能参与分割;二是与子女的财产区别开来,子女通过继承、受赠所得的财产或者其他归子女个人所有的财产,不能参与分割;三是与其他家庭成员的财产,即双方父母、兄弟姐妹等家庭成员个人所有的财产区别开来。同居期间所负的债务,是指双方为共同生活或为履行抚养、赡养义务以及一方或双方治疗疾病等需要所负的债务。同居前一方借款购置的房屋等财物已转化为双方共同财产的,为购置财物借款所负的债务属于共同债务。个体工商户、农村承包经营户所负的债务,属于双方经营,并以双方共同财产承担责任的,也属于双方共同债务。

知识链接

如何认定同居期间的共同财产?

双方共同财产必须具备以下两个条件:一是必须为同居期间所取得

的财产。同居以前一方所得的财产,解除同居关系后一方所得的财产以及一方死亡后另一方所得财产,都不属于共有财产。二是必须依法归双方共同共有的财产。同居期间所得的财产并非一定归双方共同共有,法律规定归一方所有的财产,或者双方约定归各自所有的财产,不属于共有财产。

同居期间的共同财产是指由双方共同管理、使用、收益、处分,以及用于债务清偿的财产,主要包括:工资、奖金;从事生产、经营的收益;知识产权的收益;因继承或赠与所得的财产(遗嘱或赠与合同中确定只归一方的财产除外);其他应当归双方共同所有的财产。

40. 什么是离婚纠纷?

婚姻关系是男女双方依照我国法律规定所成就的,以法定的婚姻权利义务为内容的社会关系。婚姻的终止是指婚姻关系消灭。一般来说,引起婚姻终止的法律事实有两种:一为法律事件,即婚姻当事人一方死亡;二为法律行为,即婚姻当事人离婚。离婚纠纷是各种婚姻终止问题和纠纷里最为突出和典型的一类。

知识链接

随着时代的发展,人们的婚恋观念也发生了很大的变化。2019 年,共办理结婚登记 947.1 万对,离婚登记 415.4 万对,离结比高达 43.8%。2020 年全国结婚登记人数为 813.1 万,对应的离婚登记人数为 373.3 万,离婚占结婚比例为 45.9%。需要说明的是,不能将离结比等同于离婚率。但无论是离婚率还是离结比,都在逐年上升,是不争的事实。

41. 有哪些常见的离婚纠纷？

常见的离婚纠纷有以下几种：

（1）缺乏婚姻基础而引起的离婚纠纷。此类离婚纠纷，主要是出于包办、买卖婚姻、借婚姻索取财物以及草率结婚等原因而引发的。当事人缺乏应有的婚姻基础，如果婚后未建立起感情，很容易引起离婚纠纷。

（2）剥削阶级思想而引起的离婚纠纷。因剥削阶级思想而引起的离婚纠纷，主要是指封建思想和资产阶级思想所造成的离婚纠纷。受剥削阶级思想影响的可能是一方，也可能是当事人双方。我国现阶段婚姻家庭关系中的封建传统仍有一定的影响，男方有严重的夫权思想，打骂、虐待女方，限制或干涉女方参加社会活动，致使女方不堪忍受而提出离婚的，还占有一定比例。

（3）一方的违法犯罪行为而引起的离婚纠纷。因一方犯罪服刑而引起的离婚纠纷情况不一：有的是夫妻感情尚好，一方犯罪后，对方出于思想顾虑，要求划清界限，或者遇到实际困难而提出离婚；有的是夫妻原已长期不和睦，一方犯罪后对方即提出离婚；有的是由于一方累次犯罪，或犯强奸罪、重婚罪等，伤害了另一方的感情等。

（4）一方患精神病或有生理缺陷而引起的离婚纠纷。

（5）其他缘由导致夫妻感情恶化而引起的离婚纠纷。此类离婚纠纷包括因家庭经济问题、子女问题、赡养老人问题而引发的，也包括因性格不投、志趣不合、感情淡化或变异而引发的纠纷。

知识链接

离婚纠纷的主要争议内容包括是否离婚、子女抚养安排、财产如何分割等。我国《民法典》明确规定,男女双方离婚的法定理由是"感情确已破裂"。因此,是否离婚,应当取决于夫妻双方是否确实感情破裂,如果感情确已破裂,应当准予离婚,这是婚姻自由在离婚制度上的具体体现。关于子女抚养,应当从有利于子女健康成长的角度予以妥善处理,让子女随抚养条件较好、比较适合子女学习生活的一方共同生活,另一方承担必要的抚养费。对于夫妻财产,如果双方没有采取约定财产制,则夫妻婚后取得的财产为夫妻共同财产,由双方各半分割。

42. 夫妻离婚后的身份关系有什么变化?

离婚解除了当事人之间的夫妻身份,因夫妻身份而产生的一系列权利义务关系也随之终止。具体表现在:

(1)夫妻身份消失。男女因结婚产生的夫妻身份关系因离婚而不复存在,彼此获得再婚的自由。

(1)相互扶养的权利义务终止。离婚后,夫妻双方基于夫妻身份产生的扶养权利义务随之终止。

(2)夫妻继承权丧失。离婚后,双方基于夫妻关系享有的法定继承人资格丧失,一方死亡后另一方无权继承其遗产。

知识链接

在这个追求自由的时代,离婚率不断攀升,离婚更是普遍的现象。有的夫妻因为感情不和或者出轨而一刀两断。而在现今家庭中出现一种新型模式——离婚不离家。

离婚不离家指离婚后夫妻还住在一起,或者虽然不住在一起但是女方还是住在男方的房子里,也没有财产分割。造成这种现象的原因可能是因为顾忌孩子的感受,或者是财产分配无法达成共识,或者是一方经济暂时困难,也可能是双方还存在复婚的可能。

43. 夫妻离婚后的财产关系是怎样的?

(1)夫妻共同财产分割。分割夫妻共同财产应依法认定夫妻共同财产的范围,将夫妻共同财产与一方个人财产、家庭共有财产加以区别,并注意保护未成年子女的财产权利。分割夫妻共同财产时,须坚持以下原则:男女平等;保护子女和女方权益;不损害国家、集体和他人利益;照顾无过错一方;有利于生产和方便生活。分割夫妻共同财产,由双方协议处理,双方互谅互让,自愿协商,达成协议;协议不成时,由人民法院根据财产的具体情况,依据上述原则进行判决。夫或妻在家庭土地承包经营中享有的权益等,应当依法予以保护。

(2)夫妻对外债务的清偿。离婚时,原为夫妻共同生活所负的债务,应当共同偿还。共同财产不足清偿的,或财产归各自所有的,由双方协议清偿;协议不成时,由人民法院判决。夫妻双方约定由个人负担的债务,从其约定,但以逃避义务为目的的除外。

(3)离婚家务补偿。夫妻书面约定婚姻关系存续期间所得的财产归各自所有,一方因抚育子女、照料老人、协助另一方工作等付出较多义务的,离婚时有权向另一方请求补偿,另一方应当予以补偿。离婚时的家务补偿制度仅适用于婚姻关系存续期间采取分别财产制的当事人,请求补偿的一方应是在家务劳动中付出较多义务的一方。

知识链接

有的夫妻会签订一份婚内财产分割协议书,婚内财产分割协议只要不违背双方当事人的真实意愿,不违反法律的强制性规定,均是合法有效的。

依据《民法典》规定:夫妻可以约定婚姻关系存续期间所得的财产以及婚前财产归各自所有、共同所有或部分各自所有、部分共同所有。约定应当采用书面形式。夫妻对婚姻关系存续期间所得的财产以及婚前财产的约定,对双方具有约束力。夫妻对婚姻关系存续期间所得的财产约定归各自所有的,夫或妻一方对外所负的债务,第三人知道该约定的,以夫或妻一方所有的财产清偿。

44. 离婚后的父母子女关系是怎样的?

离婚只能消除夫妻关系,不能消除父母子女关系。夫妻关系和父母子女关系是两种不同性质的关系:前者是男女两性依法缔结的婚姻关系,可依法解除;后者是基于出生而形成的自然血亲关系,不能人为解除。离婚后,子女无论由父还是母直接抚养,仍是父母双方的子女,父母对于子女仍有抚养和教育的权利和义务。

知识链接

父母离婚会对子女产生十分巨大的影响,甚至伴随终身。父母一旦离开,孩子就不能像以前一样时时刻刻有父母的陪伴,可能只能选择其中一方,甚至是和爷爷奶奶一起生活。这样,孩子势必在一个要么缺乏父爱要么缺乏母爱的环境中长大,爱的缺失是必然的。在一个缺乏父母一方爱的滋润的环境下长大的孩子,一般或多或少存在性格方面的缺陷。有的特别偏激,有的有严重的恋父或者恋母情结,有的性格内向而不愿意交往,而这些性格往往会影响孩子的一生。另外,见证父母失败婚姻的孩子,很可能在心理留下巨大阴影,或多或少会产生不相信爱情和婚姻的想法,严重的甚至会产生强烈的抵触情绪,这都会影响他们一生的幸福。

45. 什么是假离婚?

假离婚,是指夫妻一方或者双方本无离婚的真实意思而因双方通谋或受对方欺诈而作出解除夫妻关系的民事法律行为。一般而言,虚假离婚包括两种情形:一是通谋离婚;二是欺诈离婚。

(1)通谋离婚,是指婚姻当事人双方为了共同的或各自的目的,串通暂时离婚,等目的达到后再复婚的离婚行为。通谋离婚具有以下基本特征:

①双方当事人并无离婚的真实意思,不符合协议离婚的实质条件。

②双方当事人以离婚为手段,以达到共同的或者各自的目的。

③双方均有恶意串通离婚的想法,共同采取欺骗或者隐匿事实真相的方法,欺骗婚姻登记机关以违法获取离婚登记。

④通谋离婚一般具有暂时性,待预期目的达到后,双方通常会按约定复婚。但也有一部分人弄假成真,离婚后置原先的约定于不顾,不愿复婚或者与他人再婚,从而容易引起纠纷发生。

(2)欺诈离婚,是指一方当事人为了达到离婚的真正目的,采取欺诈

手段向对方许诺先离婚后再复婚,以骗取对方同意暂时离婚的行为。欺诈离婚具有以下特征:

①这种离婚是欺诈方的真实意思,而受欺诈一方并无离婚的真实意思。另一方同意离婚是基于对方采取伪造事实或者隐瞒事实真相所致。如果知道真相,不会作出同意离婚的意思表示。

②欺诈方的目的在于骗取对方同意离婚,以达到离婚的目的,因而并无复婚的意思,而受欺诈方期待目的达到即行复婚。

③受欺诈方既是受害人,又与欺诈方共同欺骗婚姻登记机关。

假离婚既可以发生在登记离婚程序之中,也可以发生在诉讼离婚程序之中。前者为假离婚登记,后者为假离婚调解协议。但现实生活中以通谋离婚为多数。

知识链接

"假离婚"相对于夫妻感情确已破裂,难以共同生活的真离婚,有以下特点:

(1)"假离婚"的双方当事人没有争议或虽有争议但经婚姻登记机关或者人民法院稍作调解工作即能达成一致协议。"假离婚"的夫妻双方对夫妻感情是否确已破裂大多没有争议,但对导致"夫妻感情破裂"的原因陈述不清,往往以性格不合、志趣不一为借口,双方并没有法定情形,即 1989 年 11 月最高人民法院《关于人民法院审理离婚案件如何认定夫妻感情确已破裂的若干意见》中所列举的 13 种情形。

(2)对夫妻共同财产的处理,通常不作分割。"假离婚"的夫妻共同财产一般全部归抚育子女的一方,或者做象征性分割,有的干脆在离婚请求前即协议将全部、大部财产给对方或者直接全部让给子女,并且还打着"照顾妇女、儿童、老人权益"的幌子。

(3)子女抚养没有争议。为了达到"假离婚"的目的,双方当事人对待子女抚养同样不会产生太大的争议。由于"假离婚"的双方对子女抚养费的法律规定不太了解，在办理离婚过程中，往往是抚养子女的一方提出多少，另一方即答应多少，根本不考虑自己的收入、承受能力以及当地的生活水平，而协议确定一个不太切合实际的数额，有的甚至以共同财产折抵抚养费用或者协议直接放弃，从而在形式上侵害了子女的合法权益。

46. 中国式假离婚的主要原因是什么？

在中国内地各个城市，为拆迁多得一套安置房而离婚早已不是新闻。中国式的"假离婚"随着在拆迁补偿、买二套房、逃避夫妻债务、孩子上学等问题粉墨登场，成为获取利益的工具。这条获取利益的捷径让很多夫妻效仿。

中国式假离婚的发生原因是多方面的：有的是为了子女上学、落户；有的是为了逃避计划生育政策；有的是为了逃避赡养老人；有的是为了在单位分房子；有的是为了办理出国手续更加方便；有的本身就是一方为了达到和对方离婚的目的，而编造了种种离婚的理由诱使对方"上钩"，在对方上钩后，又拒绝办理复婚手续，致使对方在感情上受到伤害，或在财产分割上受到损害。

知识链接

"中国式假离婚"现象的出现，带来了多重隐患。如果夫妻本身感情不错，"假离婚"的问题可能不会马上暴露，但如果有积怨或对方见异思迁等因素存在，"假离婚"就会为日后矛盾的爆发埋下隐患。此外，假离婚获取利益存在法律上的隐患。

在法律上,婚姻是自由的,即使夫妻双方为各种目的而离婚,其离婚的意思表示也是真实存在,受法律保护的。夫妻双方一旦办理离婚登记后,婚姻关系就已解除,是否复婚,均由当事双方自愿决定。由于"假离婚"同样受法律保护,如果对方是见异思迁的人,夫妻"假离婚"后,另一方将是事件中的受害者和牺牲品。

除了面对弄假成真、人财两空的风险之外,假离婚还面临着法律、财产等方面的风险。为消除房产、财产等记录,双方假离婚时往往会协议将房产、钱财划归一方所有,而如果假离婚弄假成真,另一方将会受到损失。并且,根据法律规定,在离婚后复婚,结婚前双方各自拥有的财产属于个人财产,不认定为夫妻共同财产。而如果假离婚一旦被银行征信系统识破,将会降低信誉等级。按照有关规定,房产管理部门如果发现购房人是假离婚,其享有的购房优惠将被取消,这样假离婚者不仅得不到好处,还在信用上大打折扣。

47. 调解夫妻离婚纠纷的方法有哪些?

(1)努力调解和好。在多数离婚纠纷中,夫妻双方是因一时冲动提出离婚的,因其情绪处于不稳定期,离婚的决定往往缺乏理性思考。面对这种情况,应当首先促使双方逐步冷静下来。所以,稳定双方情绪是矛盾化解的首要步骤。实践中,可以告知当事人,离婚涉及子女、财产等问题,要细致考虑,不宜急在一时。待当事人冷静以后,再劝解当事人,寻找自己在争执中的问题,并且回忆双方结婚时的感情,寻找双方妥协的机会,并创造合适的机会和气氛让双方面对面交流,逐步和好。

（2）适时主动推动调解。调解必须遵循自愿、合法的原则,不得强迫当事人进行调解,更不允许违法进行调解。但由于离婚双方往往感情紧张,双方之间对话往往是破坏性的,而要将濒临破裂的婚姻拉回正确的轨道,有时就需要调解人员强有力的推动。如有时会出现这样的情况:一方当事人不愿意调解,因为他的离婚条件很苛刻,等冷静下来时,连他自己都觉得调解几乎是不可能的,因此不愿意接受调解。有时一方当事人并不清楚他的要求是不是苛刻,相反还觉得合情合理,因此也不愿意接受调解。此时,如果有人主动向他讲明法律的相关规定,换句话说就是适当地"强迫"他接受调解,让对方主动地接受调解,对双方来说都是有利的。也许当时会有阻力,甚至不能得到理解,但最终还是能够得到谅解的。但是,主动推动调解一定要掌握适当的限度,否则会适得其反,陷入不可收拾或尴尬的处境。

（3）尊重夫妻双方感情。婚姻纠纷不同于其他民事纠纷的最突出特点就是掺杂着复杂的感情因素,无论是子女的抚养还是财产分割,都有可能烙上感情的痕迹。因此在调解双方矛盾的时候,调解人员必须充分考虑到"感情"这个因素。如果单纯从法律角度进行调解,有时可能会"里外不是人"。所以在处理常见的离婚纠纷时,更应从双方的感情出发,晓之以理,动之以情,促使当事人或"和好"或"和离"。

知识链接

夫妻离婚有许多不同的情况和原因,那么如何针对不同情况调解夫妻离婚纠纷呢?

（1）因包办、买卖婚姻引起的离婚纠纷,既要支持当事人追求婚姻自由的适当要求,又要维护法律的严肃性,同时应尽量帮助劝说双方改善夫妻关系,消除包办造成的障碍,促使夫妻和好。

（2）因第三者插足及喜新厌旧引起的离婚纠纷,应分清是非,明确责任,查清事实,对有喜新厌旧行为而提出离婚的一方进行批评教育,同时做好教育第三者的工作,为夫妻和好创造客观条件。

（3）因草率结婚引起的离婚纠纷,应教育双方慎重对待婚姻家庭问题,互相谅解,互相帮助,不要轻易离婚。如婚后建立了一定感情又生育子女的,应帮助他们正确处理在共同生活中所发生的矛盾,树立起对社会,对家庭、对子女的责任感,尽量做和好工作,防止"草离"。

（4）因个性不合、志趣不投引起的离婚纠纷,如婚前基础较好,婚后建立了一定的感情并育有子女的,倘若仅仅由于性格、爱好不同,互不相让而导致经常吵闹、感情逐渐恶化引起离婚纠纷的,应在调解中说服双方彼此尊重,求大同存小异。

（5）因一方患病或有生理缺陷引起的离婚纠纷,既要保障离婚自由,又要有利于患者的治疗。而对于一方并非患有医学上认为不应当结婚的疾病的,应尽力让另一方对疾病有正确的认识,使之珍惜双方多年来的夫妻感情,力求夫妻和好。

（6）因一方服刑、被劳教引起的离婚纠纷,如双方原来感情较好,一方仅因面子问题或子女前途而提出离婚,应说服该方短期内不要提出离婚,给予对方一定的时间,从而有利于对方努力改造,争取减刑。

48. 什么是离婚冷静期?

离婚冷静期又称离婚熟虑期,是指在离婚自由原则下,婚姻双方当事人申请自愿离婚,在婚姻登记机关收到该申请之日起一定期间内,任何一方都可撤回离婚申请、终结登记离婚程序的冷静思考期间。

《民法典》第一千零七十七条规定:自婚姻登记机关收到离婚登记申请之日起三十日内,任何一方不愿意离婚的,可以向婚姻登记机关撤回离婚登记申请。前款规定期限届满后三十日内,双方应当亲自到婚姻登记机关申请发给离婚证;未申请的,视为撤回离婚登记申请。

知识链接

离婚冷静期的构成要件,根据具体要素的不同,可分为五个:其一,前提要件,三十日冷静期届满时,当事人没有撤回离婚申请;其二,期间要件,三十日内当事人的行为才具有效力;其三,主体要件,只能是申请离婚的双方当事人;其四,机构要件,必须向婚姻登记机关提出申请;其五;行为要件,请求发放离婚证。

49. 实行离婚冷静期有哪些积极意义?

(1)符合婚姻家庭制度的价值取向和基本原则,完善了我国的离婚制度。保障离婚自由、反对轻率离婚是婚姻家庭法始终坚持的原则,也是我国离婚制度的重要特征。当代社会轻率离婚的现象愈加严重,成为社会共同面临的问题,规定离婚冷静期能够完善离婚制度,防止轻率离婚,满足维护婚姻家庭关系稳定的需要。

（2）在登记离婚中为婚姻登记机关适用离婚冷静期提供法律依据。在《民法典》"婚姻家庭"中,明确规定离婚冷静期,使全国的婚姻登记机关适用统一的离婚冷静期,有法可依,标准统一,避免离婚冷静期的内容和适用结果因地而异,从而保障立法和执法的统一性。

（3）能够保障婚姻关系稳定,防止当事人冲动、草率离婚。离婚冷静期在一定程度上能够缓解双方当事人因冲动、赌气等原因产生的矛盾,避免子女与其他家庭成员因此受到伤害,通过婚姻关系的稳定来维护家庭关系的和谐。离婚冷静期还有助于减少人们把离婚当作逃避夫妻矛盾的优选项现象,改善夫妻对婚姻关系的不谨慎态度,激发对婚姻家庭的责任心,使社会形成良好的婚姻家庭观,维护婚姻秩序。

（4）协调当事人和未成年子女的利益,追求婚姻关系上的实质正义。离婚是解除夫妻关系的法律行为,必然涉及双方在婚姻存续期间的财产和子女利益问题。离婚冷静期的设置能够使双方当事人谨慎思考,合理安排子女和财产问题,强化对弱势群体的保护,实现实质正义。

（5）实行离婚冷静期不构成对离婚自由的限制。离婚自由是我国婚姻家庭法的基本原则,必须予以保障,离婚自由的权利不受干涉、不受拘束、不受限制。不过,任何自由都不是绝对的,离婚自由也不是绝对的自由。我国婚姻家庭法历来强调离婚自由,反对草率离婚,并将其作为一项政策的两端,必须兼顾而行。同时,离婚冷静期针对的是冲动离婚、草率离婚,倡导考虑清楚之后再下决心离婚。故规定登记离婚冷静期并不是限制离婚自由,而是保障离婚自由的必要措施。

知识链接

离婚冷静期适用于登记离婚即两愿离婚,不适用于诉讼离婚。诉讼离婚总有一方不同意离婚,或者存在其他争议而不能达成一致意见,因而需要向法院起诉请求裁判,不存在当事人两愿离婚这种意义上的冷静问题。2020 年 12 月 4 日,针对社会关注的"冷静期规定是否不利于保护受家暴当事人"问题,民政部回应:"冷静期"只适用于夫妻双方自愿的协议离婚,对于有家暴情形的,当事人可以向法院提起诉讼,诉讼离婚并没有"冷静期"的规定。

第三章 家庭财产问题

50. 什么是婚约？

婚约是男女双方以结婚为目的而进行的事先约定，又称订婚或定婚。婚约不作为结婚的必经程序，但婚姻当事人自行订立婚约不予禁止，也不予保护，因而婚约对男女双方不产生法律上的约束力，只有在双方自愿的条件下才能履行，解除婚约无须经过诉讼程序，男女双方可以自由解除婚约。

知识链接

订婚的目的是向亲友和朋友宣告自己即将结婚、找到另一半的消息，其意义在于传承中国传统文化中对婚嫁的仪式，并向彼此许下对婚姻的约定。订婚当天男方要携带聘礼前往女方家中，并由女方回礼后佩戴订婚戒指，宴请宾客。订婚有着通告的目的，举行订婚仪式时会宴请亲朋好友见证，并向其他人宣告自己已经找到另一半、即将结婚的消息，而订婚的意义在于传承，因为订婚是从中国古代传统婚姻中延续下来的仪式。

51. 婚约有哪些性质和特征？

关于婚约的性质有两种见解：一是契约说。婚约是作为结婚契约的预约。另一种是非契约说，婚约是结婚的一个事实阶段，但不是必经阶段，不是独立的契约，也不是一种契约之债。因此任何人不能根据婚约提出结婚之诉，也不能约定在不履行婚约时支付违约金。

（1）婚约是具有一定形式的确定婚姻关系的预约行为。一般订立婚约应有一定仪式，或由双方口头的约定而为双方亲友和周围群众所公认。

（2）婚约确定后在婚约当事人之间发生有交换信物或赠送财物等现象。如农村中出现的"见面礼""投契""认亲""送日子"等。

（3）婚约一般不发生同居行为。现实中有不少在订立婚约后便立刻开始同居生活，这不是婚约的本意，因为它已超出了婚约的界限，具有某种事实上的婚姻关系，属于非法同居，一旦婚约解除，往往造成纠纷。

知识链接

婚约不具有法律效力，婚姻不以婚约为必经程序，但国家也不禁止民间订婚的行为。但在民间习俗上，尤其在农村，婚约仍具有很强的社会效力，婚约一旦订立，不管是否经过当事人的同意，在外界看来就已基本确立了相关男女的婚姻关系，伴随婚约的还有财物的转移和双方亲友的往来，一方毁约便可能会带来财物的损失，人际关系的恶化及社会风俗的谴责。所以一旦婚约订立，任何一方要解除婚约都会面临极大的压力。在当前，我国社会仍存在父母未经子女同意擅自订立婚约现象的情况下，子女要想解除父母擅自订立的婚约必然要面临很大的困难，有的还会因此放弃抗争,委曲求全,牺牲自己的幸福,甚至酿成悲剧。对于这种情况,法律可以把原先体现在法律解释、民事政策中关于婚约效力的态度上升为法律,在《民法典》中明确宣告婚约不具有法律效力,任何一方当事人可随时解除婚约,并为一方当事人解除婚约提供明确的法律依据和法律武器。

52. 什么是婚约财产与婚约财产纠纷?

婚约财产是指男女双方在相识恋爱期间,一方因特定原因而从对方处获得数额较大的财物。而在双方不能缔结婚姻时财产受损的一方请求对方追还财物而产生的纠纷,便是婚约财产纠纷。此类纠纷在民间较为普遍,人民法院在审理时通常的做法是将获的财物的手段区分为"索取"和"受赠"而进行处理。我国《民法典》明确规定,禁止借婚姻索取财物,故索取所得财物应全额返还,但对于恋爱中互赠财物或者订婚时互赠彩礼,由于没有规定这类纠纷如何解决,所以实际审判过程中各个法官根据不同的认识得出不同的裁判,缺乏统一的定性和处理标准。

知识链接

婚约财产的类型有以下四种:

(1)基于买卖婚姻而发生的财产给付。这种婚姻不是以男女双方感情为基础,而是由父母或其他第三人强制干涉男女双方婚姻自由,以交付不定期的财物作为婚姻关系产生的前提条件,其目的是索取财物,谋取一定的利益。

(2)借婚姻索取的财物。这种形式下的婚姻与买卖婚姻的相同之处在于当事人或其父母在婚前向另一方索取财物,而不同之处在于这种婚姻一般来说并不违背当事人的意愿,男女双方的婚姻往往是在自主、自由原则下确定的。实践中,这种婚姻行为的危害程度有时要远远大于买卖婚姻。

(3)出于结婚的目的,一方向另一方赠与数额较大的财产或者迫于风俗压力一方向另一方支付超出其正常承受能力的财产。如男方在恋爱期间为女方购买住房、小车等贵重财物或男方出资以双方名义购买住房等等。

(4)男女双方处于生活上的关心、帮助,或相互尊重彼此感情而相互赠与双方父母、亲属的财物。这种财产赠与是建立在男女双方自愿的基础之上的,是双方感情交流的一种方式,法律并不禁止,应属于赠与财产。

前两种婚约财产纠纷,可简称为买卖婚约财产纠纷和诈骗婚约财产纠纷,无论男女双方是否结婚,都应根据有关司法解释,认定无效,予以返还,这应该无大的争议。而对于第4种情形,属于互赠或赠与的财产的,因当事人出于自愿,则不需返还,也应无大的争议。最有争议的是第三种。

53. 如何调解婚约财产纠纷?

(1)首先立足调解双方和好。婚约财产纠纷产生的前提是双方不愿结婚或结婚后未实际共同生活便离婚。因此,如果能够调解双方和好,就根本上消除了婚约财产纠纷。实际生活中,部分青年男女对婚姻考虑欠周全,遇到问题便意欲分道扬镳。遇到这类情况,首先要帮助双方冷静思考,看看双方是否确实无法和好,双方的矛盾是否为根本性矛盾。一旦青年男女出现和好愿望,要同时注意做好双方父母的协调工作,防止双方父母因情绪性对立而阻挠青年人和好。

(2)注意区分婚前给付财产的不同性质。情侣双方互赠礼物是常见的事,而一旦双方分手,赠送的礼物是否需归还呢? 这首先要准确界定赠与财产的性质。如果属于彩礼,是基于风俗习惯定亲所用,则应当予以归还。如果属于价值较大的物品,如房屋、高档耐用品(摄像机,彩电)等,属于与结婚紧密联系在一起的,则是附条件的赠与,也应当返还。如果财产出现正常的损坏或折旧,一般不考虑赔偿。至于情侣之间正常外出消费或购买衣物、食品等支出,不宜再处理。因此,区分婚前给付财产的不同情况,引导双方区别对待,就可以有效缩小双方的矛盾和心理差距,进而达成一个合理的调解方案。

知识链接

目前,起诉至法院的婚约财物纠纷案件诉讼主体比较混乱:有的是以谁给谁为原告,谁收谁为被告,有的是以婚约双方,还有的以媒人为被告。对此,见仁见智,众说纷纭。婚约财物的给付是按照当地风俗而为的一种行为,无论是双方父母,抑或是媒人的参与,均为一种形式,是一种婚约财物赠与的中间人,是代理一方的行为。是基于婚约双方相信其有代理权的行为,即为表见代理行为,表见代理所产生的法律后果,系婚约双方之间的民事权利义务关系,当然也包括婚约双方亲属以该方所为的赠与行为,对方亲属以婚约名义所接受的行为。据此,婚约财物纠纷案件应以婚约双方为当事人。

54. 如何调解因彩礼引起的纠纷？

关于彩礼的纠纷是近年来社会比较关注的一个问题。当事人在婚前有良好的感情基础，婚前一方并无明显索取行为，另一方按照当地风俗习惯，参照当地婚前一般财物给付数额而给付对方的财物，其给付数额一般较大。这种情况在城市、农村大量存在，常发生于男女双方婚前一段时期，此时双方恋爱一段时间后，认为结婚条件成熟，准备订婚或举行结婚仪式，女方无积极的、明显的索取行为，男方则认为应按照当地习俗给付一定的"彩礼"。该行为实际上是中国封建社会旧婚姻观念的一种表现形式，是我国长期封建社会形成的旧婚姻观念的延续，与现行《民法典》精神相违背。

对于彩礼这种财产的性质，有些人认为是属于有义务的主动赠与，也有人认为应按不当得利对待，还有人认为它属于"借婚姻索取财物"的性质。在此财产给付中，当事人双方也并未约定财产给付的条件或义务，把结婚作为赠与关系的"条件"（或义务），实际上是把这种观点强加于当事人的，明显与此行为中男女婚姻自主的事实不相符。若将上述行为视为有义务的赠与行为，实质是对买卖婚姻的承认，对婚姻自主、自由的否定，这将会助长封建的旧婚姻观念的发展，不利于促进人们向现代婚姻观念的转变，更不利于法律对婚姻自由这种特殊人身关系的保护。

在处理彩礼纠纷的过程中，要向当事人双方，特别是女方解释清楚，赠送彩礼行为背后的深层原因以及它所违背的法律精神。在双方确定不会缔结婚姻的情况下，需尽量说服并督促女方返还彩礼。如女方不太情愿，或对此事还有争议，可向男方提议，通过走法律流程维护自己的权益。

知识链接

现在在很多社会新闻中我们经常看到,某土豪某富二代为了婚礼送上几百万的现金礼金。虽然说现在的物价是很高,但是订婚礼金的本身意义不是在于礼金的数量上面,而是对于传统习俗的尊重和继承,我们需要的是那种文化的传承,而不是金钱上的堆叠。人们应该知道,建立在金钱基础之上的爱情肯定是不牢靠的,不管是哪一方都会在思想上产生微妙的变化,可能当时没什么感觉,但是后面或许就会产生类似"我花钱买回来的,我想怎样就怎样"的想法,这极有可能导致婚姻不健康,甚至破裂。所以,当婚姻参杂了太多金钱后,就失去了它原本的神圣浪漫,礼金一定不要过于讲究,量力而行,合理就好。

55. 彩礼官司需要什么证据?

(1)要求返还彩礼的条件

①男女双方未办理结婚登记手续。

②男女双方办理结婚登记手续但确未共同生活,可以在离婚诉讼中要求返还彩礼。

③婚前给付并导致给付人生活困难的,也可以在离婚诉讼中要求返还彩礼。

但需要注意的是,不符合以上条件,还有以下情形不能要求返还彩礼:男女双方未办理结婚登记手续而同居生活两年以上;双方未办理结婚登记手续而同居生活虽不满两年,但生育子女的;所接受的彩礼确已用于共同生活。

（2）返还彩礼的标准

①因给付彩礼一方的原因导致婚约解除,返还彩礼的数额可根据其过错程度、双方的经济状况等因素,酌情减少。

②如果未婚男女双方确已共同生活但最终未能办理结婚登记手续,给付彩礼方请求返还彩礼,一般根据双方共同生活的时间、彩礼数额并结合当地风俗习惯等因素,确定是否返还及具体返还的数额。

（3）彩礼官司需要的证据

①证明男女双方当时正处于谈婚论嫁的状态。可借由双方的短信、微信等通讯工具的聊天记录,或者举行过订婚仪式、拍婚纱照等行为反映出来,表明双方有谈婚论嫁的意向,注意,谈婚论嫁和谈情说爱是有区别的,单纯的情话表白不能反映双方谈婚论嫁状态。

②证明给付了财产的证据。如果是通过银行转账方式支付礼金,那么就要提供银行转账明细;若是购买房屋或者车辆,可以提供自己的出资证明,因为按照我们的日常生活经验,将大额财产登记在他人名下一般都是用来当彩礼的。

③证明给付彩礼是当地的风俗。当地的风俗习惯可以听取当地媒婆、村委会主任等人的意见,必要时可作为证人出庭作证。

知识链接

已经结婚又离婚的,原则上彩礼不返还,但在两种特殊情况下,应当返还:一种是双方结婚后一直未共同生活的;另一种是因为给付彩礼而导致给付人生活困难的。在这两种不同情况下,当事人的确定应有所区别:

（1）双方没有结婚时当事人的确定。在中国的传统习俗中,儿女的婚姻被认为是终身大事,一般由父母一手操办,送彩礼也大都由父母代送,且多为家庭共有财产。因此为最大限度地保护公民的财产权利,防止应诉方以起诉人不适格作为抗辩,应当对"彩礼给付方"做扩大解释。

同时,对于被告的确定问题应引起注意,在习俗中,一般是父母送彩礼,也是父母代收彩礼,从彩礼产生的历史沿革和现实表示都可以得知,彩礼的给付更多的体现为男方家庭给与女方家庭,并不仅仅是男女双方个人之间的私事,从这些彩礼的用途来看,有的是用于结婚,有的是为被接受一方的家庭所用,彩礼体现为一方家庭共有财产的支出和另一方家庭共有财产的增加,在实践中,诉讼方也通常把对方当事人的父母列为共同被告,要求他们承担连带责任,这种做法往往是可取的。

（2）在双方结婚又离婚时当事人的确定。在此种情况下,由于司法解释规定要求返还彩礼的,必须以双方离婚为条件。所以,对于当事人要求返还彩礼的诉请,有两种途径提出:一是在离婚诉讼中一并提起,此时当事人只能是要求离婚的男女双方,不能有共同原、被告或者第三人,因为从目前规定来看,在离婚案件中,只有一种情况,法律明确规定了可以出现第三人,就是法院在审理因重婚导致无效婚姻案件,涉及财产处理的,应当允许合法婚姻配偶作为有独立请求的第三人参加诉讼。这是法律明文规定的特例,其他情况一般不允许。二是离婚判决发生法律效力后单独提起。在这个独立的返还彩礼诉讼中,当事人就不仅仅限于离婚诉讼中的男女双方,男女双方的父母可以作为共同原、被告出现在诉讼中。

56. 什么是家产分割?

这里的家产分割包括但不仅指夫妻之间的财产分割。家产分割应以财产共有为前提。通常,对家庭共有财产关系的认定,首先要区分动产、不动产。动产以占有为公示标志,其共有状态虽然有时难以直观判断,但借助各当事人之间的法律关系、动产取得的原因、各当事人的出资以及对动产的实际使用状况等,可以作出综合判断;而对以登记为公示方式的特殊动产(如机动车辆)、不动产(如房屋)等的共有关系认定,则主要通过登记来判断。

知识链接

对家庭共有财产的判定可以依据以下几条:

(1)家庭成员是否存在共同生活关系。

(2)家庭共有财产关系是否基于一定的法律事实形成,如婚姻关系的存续,或共同劳动、共同经营,或共同接受赠与等。

(3)家庭成员之间是否有家庭财产共有的约定,如约定共同共有或按份共有等。

57. 家产分割中财产关系的性质是什么?

对家庭共有财产进行分割,民间俗称为"分家",但这个"分家"往往涉及财产关系的性质。一种是财产确属家庭成员共有,是家庭成员对家庭共有财产进行分割。如对父母、子女、兄弟姐妹等家庭成员共同生活、共同劳动,用劳动所得建造的房屋、添置的生活生产资料,家庭成员长期共同管理、共同使用的祖遗财产,共同出资购买的房屋等属于家庭共有的财产进行"分家",实际上是法律意义上的"析产"。另一种是父母将属于自己的财产如存款、金银首饰、房产等分给子女或其他家庭成员。这虽然也是"分家",但所分的是父母的财产,而不是家庭成员的共有财产。

这种"分家"实际是父母作为财产所有人对他们所有的财产行使处分权,属于法律意义上的"赠与"。

共有财产纠纷的情况比较复杂,不仅涉及家庭共有财产与个人财产、夫妻财产、与家庭其他成员的财产以及各种不同的共有财产之间的界限和关系,还因财产所有权主体、客体、内容的复杂性和不断变化等情况,使处理起来难度比较大。因此,处理家庭财产纠纷应根据不同的财产性质把握调解处理的原则。

知识链接

遗产和家庭共有财产很容易混淆,在区分两者时,应掌握以下要点:

(1)当家庭成员只有夫妻二人时,家庭的全部共有财产就有夫妻同共有的财产。夫妻一方死亡时,共同财产中的二分之一份额就是死者的遗产。夫妻一方死亡开始继承时,也只能继承这部分遗产,而不能把夫妻共同所有的财产统统作为死者一方的遗产来继承。但在区分遗产与夫妻共有财产时,也应当分清夫妻个人财产与夫妻共有财产的界限。

(2)在家庭成员中除夫妻之外还有子女,在区分遗产与家庭共有财产时应注意以下三点:

①未成年子女的生活用品,通过创作获得报酬或奖励物品以及通过接受赠与、遗赠和继承等方式所获得的财产,其所有权应属于未成年子女的,只是暂由父母代理。当其父母死亡,对其遗产进行分割时,应当将未成年子女的财产同父母的遗产区分开,不能作为父母的遗产来分割。

②对于早已参加工作(劳动),并直接参与了家庭共有财产积累的子女,应当肯定他们对家庭共有财产的权利。在父母死亡并确定其遗产范围时,应从共同共有的家庭财产中将直接参与家庭共有财产积累的子女应得的份额划分出来,不要以父母的遗产业分割。

③把被继承人生前所欠的个人债务同整个家庭所欠的共同债务区

分开。以被继承人名义欠下的,纯用于其个人的债务,属于被继承人生前个人债务,应列入其遗产之中,用被继承人遗产中的其他财产权利偿付,但如以被继承人名义欠下的债务确用于全家的共同需要,则属于家庭的共同债务,应用家庭共有财产来清偿。

58. 调解家产分割纠纷的原则和方法有哪些?

(1)把家庭成员对家庭共有财产的分割与家庭成员之间的财产赠与相区别。家庭成员基于一定的法律事实而形成的家庭财产为家庭共有财产,在分割家庭共有财产时,一般应按共有人权利义务相一致和有利于生产生活、有利于社会安定等原则,公平合理地处理。对于因父母将自己的财产处分给其子女和其他家庭成员而发生的纠纷,应该按赠与纠纷处理,以充分尊重赠与人的意愿为原则。如果调解处理时将上述两种情况混淆,就难以区分各当事人的要求是否合理,更难以在当事人之间找准平衡点。

(2)把家庭共有财产与家庭成员共同生活期间的个人财产相区别。对财产所有权是家庭成员共有还是个人所有,必须根据财产是为家庭成员共同基于一定的法律事实所取得,还是家庭成员中的某个人基于一定的法律事实所取得来认定。如果是家庭成员中的某个人依法取得的财产,即使在家庭成员共同生活期间取得,也不存在共有关系。对于个人财产的处理,以归个人所有为原则,即便是夫妻关系存续期间,也不改变财产的性质。

(3)把父母用子女给付的赡养费出资购置的财产与父母与子女共同

出资购置的财产相区别。子女给付父母赡养费是法定义务,该赡养费属于父母个人财产,父母将赡养费积累起来购置的财产,所有权属于父母,与给付赡养费的子女之间不形成共有财产关系。对于这类财产的处理,以归父母所有为原则,给付赡养费的子女可以在父母去世后遗产分割时,根据《民法典》的相关规定,在遗产的份额上适当考虑多分。父母与子女共同出资购置的财产为父母与子女的共同财产,这类财产的处理原则是:财产份额有约定的,按约定分割;没有约定的,原则上共有人均分,但对共有财产贡献较多的可适当多分,同时给予老年人适当照顾。

(4)把夫妻共同财产与家庭成员共同财产相区别。夫妻在婚姻关系存续期间所得的财产是夫妻共同财产,但夫妻对财产有约定的除外。如果夫妻与家庭其他成员约定某些财产为家庭共有财产,或者共同基于一定的法律事实所得的财产,为夫妻与其他家庭成员的共有财产。夫妻对夫妻共同财产有平等的处理权,但这仅限于为日常生活所需而处理共同财产,对于重大财产夫妻一方不能擅自处分。夫妻因离婚而需要分割共同财产,或者因一定的法律事实需要与其他家庭成员分割共有财产时,应该遵循权利义务相一致原则和照顾子女、照顾女方的原则。

(5)把家庭成员共同共有的财产与家庭成员按份共有的财产相区别。一般来说,家庭成员之间的共有关系为共同共有,各共有人享有均等份额。但是,如果共有人事先约定了各共有人的份额,就构成按份共有,各共有人按照约定的份额分得财产;如果共有人不能证明按份共有,则按共同共有处理;如果按份共有中,各共有人对各自应得份额约定不明确,则按等份原则处理。除按份分割共有财产外,对其他共有财产应综合考虑财产的来源、共有人的情况以及保护妇女儿童合法权益等因素予以处理。

(6)把可分割财产与不宜分割的财产相区别。对家庭共有财产进行分割,无论是动产还是不动产,都有可分与不可分的区别,在分割时必须根据财产的性质、用途及财产所有人的具体情况,采取不同的分割方法:

①实物分割。共有财产属于可分物,分割后不损害财产的经济用途和价值的,可对共有财产进行实物分割。

②变价分割。共有财产不能分割或分割后损害其经济用途和价值的,或者共有人对共有财产均不愿意采取实物分割方法的,可将共有财产作价变卖,各共有人取得相应的价金。

③作价补偿。共有财产不能分割,或虽可分割,但有的共有人愿意取得实物,有的共有人不愿意取得实物的,可将共有财产归愿意取得实物的共有人所有,由取得实物的共有人按共有财产的价值,给未取得实物的共有人以相当于其实有份额的经济补偿。

知 识 链 接

家庭共有财产与夫妻共同财产概念不同。

家庭共同财产是指全体家庭成员共同生活期间所创造的,供全体家庭成员生活、生产的财产,该财产具有以下几个特征:

(1)家庭共有财产的产生是以家庭成员共同生活期间的共同劳动创造的财产为前提,不是在共同生活期间共同创造的财富,不具有家庭财产关系。

(2)家庭共有财产来源于全体家庭成员的共同劳动所得和各自劳动所得的财产。

(3)家庭共有财产为共同共有财产,在家庭关系存续期间,共有人不分份额,共同享有所有权。

从以上特点可以看出,所谓家庭共有财产,是在一个大家庭中形成的,也就是说,父母、儿女、女婿、媳妇共同生活、劳动在一起,不分彼此,才能产生家庭共有财产。

夫妻共有财产是指在夫妻关系存续期间的"工资、奖金、生产、经营的收益、知识产权的收益,不归夫妻一方的继承或赠与所得的财产和其他应当归于夫妻共同所有的财产"。

其基本特征如下:

(1)夫妻关系存续期间取得的财产。

(2)夫妻之间在夫妻关系存续期间各自取得的财产。

(3)夫妻之间依《民法典》的规定采取书面约定形成规定的财产。

59. 哪些属于夫妻共同财产?

夫妻在婚姻关系存续期间所得的下列财产,为夫妻的共同财产,归夫妻共同所有:

(1)工资、奖金、劳务报酬。

(2)生产、经营、投资的收益。

(3)知识产权的收益。

(4)继承或者受赠的财产,但是《民法典》第一千零六十三条第三项:"遗嘱或者赠与合同中确定只归一方的财产。"规定的除外。

(5)其他应当归共同所有的财产。

知识链接

离婚财产分割问题理论上并不复杂,其关键还是在于对夫妻存续期间所获得财产的认定。是共同财产还是个人财产,一般情况下夫妻关系存续期间取得的财产应认定为夫妻共同财产,特殊情况有约定的,若夫妻间有关于财产协议且该协议合法有效的,则应依照协议分割;虽然认定标准看似明确清晰,但实践中仍有很多存在争议而模糊不清的地方,这也容易产生歧义而使当事人蒙受不必要的损失。

60. 分割夫妻共同财产时应遵循哪些原则?

(1)男女平等原则。男女平等原则既反映在《民法典》的各条法律规范中,又是人民法院处理婚姻家庭案件的办案指南。该原则体现在离婚财产分割上,就是夫妻双方有平等地分割共同财产的权利,平等地承担共同债务的义务。

(2)照顾子女和女方利益原则。这里的"照顾",既可以在财产份额上给予女方适当多分,也可以在财产种类上将某项生活特别需要的财产,比如住房,分配给女方。毕竟从习惯势力上、从传统因素的影响所造成的障碍上、从妇女的家务负担及其生理特点上讲,离婚后一般妇女在寻找工作和谋生能力上比男子弱,更需要社会给予更多的帮助。同时,在分割夫妻共同财产时,要特别注意保护未成年人的合法财产权益。未成年人的合法财产不能列入夫妻共同财产进行分割。

(3)有利生活、方便生活原则。在离婚分割共同财产时,不应损害财产效用、性能和经济价值。在对共同财产中的生产资料进行分割时,应尽可能分给需要该生产资料、能更好发挥该生产资料效用的一方;在对共同财产中的生活资料进行分割时,要尽量满足个人从事专业或职业需要,以发挥物的使用价值。不可分物按实际需要和有利发挥效用原则归一方所有,分得方应依公平原则,按离婚时的实际价值给另一方相应的补偿。

（4）权利不得滥用原则。离婚分割夫妻共同财产时不得把属于国家、集体和他人所有的财产当作夫妻共同财产进行分割，不得借分割夫妻共同财产的名义损害他人合法利益。

（5）夫妻一方所有的财产，在共同生活中消耗、毁损、灭失的，另一方不予补偿。这是司法实践经验的总结，符合夫妻关系和婚姻生活本质的要求，有利于避免不必要的纠纷。

知识链接

离婚时有限责任公司股权的分割要遵循以下原则：

（1）共同协商原则。离婚案件先予协商和解是必经程序，是婚姻家庭案件所特有的。离婚时夫妻的共同财产由双方协议处理，协议不成由人民法院判决。关于公司股权的分割，也是在协商一致的前提下进行的，即双方应将是否同意将出资额转让与否，转让份额达成一致，还要将转让价格一事达成共识，只有这样才能进行下一步——征求其他股东的意见。另外，基于股权价值的不稳定性，依据某一时间点进行评估作价势必与股权价值相悖，并且在婚姻中"复合股权"这种股权性质的要求，硬性判决股权归夫妻一人享有或给对方补偿，会丧失和剥夺夫妻共同财产在投资时所企盼收益的目的。

（2）离婚案件股权分割问题，补偿或股权取得应由夫妻双方明确表示，法院不应过多干预。股东配偶享有一种特殊的民事权利，也就是准共有股权，故在离婚分割股权时，股东配偶有选择加入成为股东的权利，这种权利的行使障碍只能是其他股东不允许转让并购买，或者当事人明确表示放弃的，审判机关不应剥夺。

61. 什么是继承?

继承,也称财产继承,是指公民死亡时,其法定近亲属按照死者生前所立的有效遗嘱或者依据法律规定,依法取得死者遗留的个人合法财产的法律制度。在继承中,生前所享有的财产因其死亡而转移给他人的死者为被继承人,被继承人死亡时遗留的个人合法财产为遗产,依法承受被继承人遗产的法定范围内的人为继承人。

知识链接

继承权是一项重要的民事权利,是继承人依法享有的、能够无偿取得被继承人遗产的权利。从根本上说,它是一种财产权利,但是又具有鲜明的身份特点,因此,它不同于一般的财产权或人身权。在继承权受到侵害时,合法继承人可行使继承恢复请求权。

62. 遗产的范围包括哪些?

继承是被继承人个人财产的转移,因此遗产范围必须首先明确。遗产范围应从以下四个方面理解:公民死亡时,其财产才是遗产;死亡公民生前的个人财产是遗产;公民死亡时尚存的财产是遗产;公民个人的合法财产是遗产。

遗产范围往往与家庭财产混杂在一起,因此要作出正确的区分:

被继承人的遗产与共同财产的区分,如遗产与夫妻共同财产、遗产与家庭共有财产、被继承人生前所欠的个人债务与家庭共同所欠的债务。

被继承人的遗产与被继承人的人身权利或身份利益的区分,如遗产与被继承人死亡后其家属应得的抚恤金、被继承人所有的房产权与被继承人享有的公有房屋居住使用权、被继承人承包经营的收益与被继承人承包经营的权利等。

知识链接

下列权利、义务在被继承人死之后不能作为遗产:

(1)与被继承人的人身密不可分的人身权。如公民的姓名权、名誉权、荣誉权、肖像权等。

(2)与公民的人身有关的债权、债务。这类债权债务是以特定人的行为为客体的,与债务人、债权人的人身有密切联系。这些权利义务在债权人死亡时,不能作为遗产。

(3)国有资源使用权。在我国,采矿权、狩猎权、渔业权等国有资源使用权都是经特定程序授予特定人享有的,这些权利不能作为遗产,继承人欲从事被继承人原来的事业,须自行申请,经核准取得相应的国有资源使用权。

(4)承包经营权。个人承包应得的个人收益,依照规定继承。个人承包,依照法律允许由继承人继续承包的,按照承包合同办理。在这里,被继承人在承包经营中投入的财产,应得的个人收益属于遗产,应由继承人继承。被继承人生前享有的承包经营权,都不是遗产。如果法律允许继承人继续承包,可以按照承包合同规定由继承人承包。

(5)宅基地使用权。公民所享有的宅基地使用权只能与房屋所有权一同转移,但不能作为遗产继承。

63. 遗产分配有哪些原则?

法定继承的遗产分配原则指的是在法定继承中确定同一顺序的法定继承人应分得的遗产份额的基本准则。我们应从以下两个方面来理解:

(1)同一顺序继承人继承遗产的份额一般应均等。这是法定继承中遗产分配的一般原则,即同一顺序的法定继承人应该平均分配遗产。该法条中的"一般"是指法律没有特别规定的情况。

(2)特殊情况下法定继承人的继承份额可以不均等。根据有关规定,"特殊情况"主要是指:

①对生活有特殊困难又缺乏劳动能力的继承人,分配遗产时应给予照顾。继承人只有同时具备生活有特殊困难和缺乏劳动能力的情形时,才能在遗产分配时中给予照顾,而且一旦具备了这两个条件就应当给予照顾。

②对被继承人尽了主要扶养义务或者与被继承人共同生活的继承人分配遗产时,可以多分,不是应该多分,不具有强制性。

③有扶养能力和扶养条件的继承人,不尽扶养义务的,分配遗产时,应该不分或少分,这是权利义务相一致原则的重要体现。继承人符合下列条件的,应不分或少分遗产:继承人有扶养能力和条件;不尽扶养义务;继承人协商同意也可以不均分。

知识链接

继承制度的基本原则是处理继承问题必须遵循的普遍适用的准则,其既是立法的指导思想,又是解释、适用相关法律的依据和出发点。

（1）保护自然人私有财产继承权的原则。自然人依法享有财产继承权是我国《宪法》确立的重要原则。该原则既是立法的目的和任务,也是相关法律首要的基本原则。

（2）继承权男女平等的原则。这是社会主义平等观念在继承法中的反映,也是男女平等的宪法原则在继承法中的体现。

（3）养老育幼、互济互助的原则。养老育幼、互济互助是社会主义家庭职能的客观要求,也是我国传统道德优良传统在当代社会的反映。以我国当前的社会保障体系发展程度而言,尚需家庭发挥其重要的扶养保障作用。

（4）互谅互让、和睦团结的原则。互谅互让、和睦团结是社会主义家庭关系和社会主义精神文明的要求。在处理继承法律关系时,促进和鼓励当事人之间的互谅互让、和睦团结,既有利于社会的和谐稳定,也有利于节约相应的纠纷解决成本,同时还反映了社会主义法制下继承关系非唯金钱论的制度优越性。

（5）权利义务相一致的原则。权利义务相一致是我国《宪法》的基本原则之一,在《民法典》之"继承"编中同样有所体现,即在确定继承人范围、继承顺序及继承份额时,贯彻权利义务相一致的原则。

64. 遗产继承的顺序是什么?

遗产继承顺序,是指被继承人死亡后,继承人继承遗产的先后秩序。

第一顺序:配偶、子女、父母。

第二顺序:兄弟姐妹、祖父母、外祖父母。

继承开始后,由第一顺序继承人继承,第二顺序继承人不能继承。没有第一顺序继承人继承的,由第二顺序继承人继承。丧偶儿媳对公、婆,丧偶女婿对岳父、岳母,尽了主要赡养义务的,作为第一顺序继承人

知识链接

2021年1月1日,被称为"社会生活的百科全书"的《中华人民共和国民法典》修订版正式开始实施,其中对继承权、房产的各类继承问题等都做了明确规定。房产继承新规有了更大的变数,这意味着很多人以前熟知的继承规定,今年起可能就不再适用了:

(1)父母可以自主选定继承人,且未尽赡养义务的子女不再继承父母房产,子女即便不同意也没用。

(2)父母可以对名下房屋设置"居住权"。

(3)继承人范围扩大,第一、二顺位继承人不在的情况下,侄、甥可以代位继承。

65.哪些行为会丧失继承权?

继承权丧失,是指依被继承人遗嘱愿意取消法定继承人的继承资格,或是继承人因违反法律规定被人民法院取消继承资格的情形。继承权人有下列行为之一的,丧失继承权:

(1)故意杀害被继承人的。

(2)为争夺遗产而杀害其他继承人的。

(3)遗弃被继承人的,或者虐待被继承人情节严重的。

(4)伪造、篡改或者销毁遗嘱,情节严重的。

知识链接

继承权的丧失,只能由人民法院依法定程序判决确认。被判决丧失继承权的继承人,丧失的仅仅是对某一特定被继承人的遗产继承权,并不丧失对其他被继承人的继承权。

各国继承立法均有所规定,但称呼不一。《法国民法典》中称为"不得继承"或"无权继承",《德国民法典》中称为"丧失继承资格",《日本民法典》中称为"不能继承",《苏俄民法典》中称为"无权继承"。

66. 什么情况下可以放弃继承权?

继承权作为一项权利,继承人有放弃的自由。在以下情况下放弃继承权被认为有效:

(1)必须是继承人本人作出放弃的表示,他人包括继承人的监护人都无权放弃。

(2)继承人具备民事行为能力。

(3)放弃继承权须在特定时间作出。《中华人民共和国民法典》规定,继承人放弃继承权须在继承开始后遗产分割前作出表示。遗产分割后,遗产已经变成继承人的财产,此时放弃的是所有权而不是继承权。

(4)继承人放弃继承不得损害他人利益。比如,放弃继承权致使其不能履行法定的抚养、扶养、赡养义务,或其他债务履行的,放弃无效。

(5)放弃继承权须以法定方式作出。在诉讼前放弃的,须以书面方式向其他继承人表示,用口头表示,本人承认,或有其他充分证据证明的,也应当认为有效;在诉讼中,继承人口头向法院表示放弃的,继承人在笔录中签名,该放弃也有效;继承人放弃继承后反悔的,须在遗产处理前提出,并由法院根据具体情况决定是否承认。

知识链接

如果放弃继承的人是唯一的继承人时,则被继承人的遗产归国家或集体组织所有。继承人放弃继承后,也就不再承担清偿被继承人债务。如继承人有监护人,监护人原则上无权放弃被监护的继承人的继承权利。放弃继承的意思表示,应当以书面形式向其他继承人作出;用口头方式表示放弃继承的,本人承认或有其他证据证明的,一般应认定为有效。放弃继承不得由他人代理而作出。在遗产处理前或在诉讼过程中,继承人对放弃继承翻悔的,一般应当准许,遗产处理后,继承人对放弃继承反悔的,不予承认。

67. 什么是继承恢复请求权?

所谓继承恢复请求权,是指继承人的继承权受到侵害,受侵害人请求人民法院通过诉讼恢复其合法继承权的法律活动。

继承恢复请求权,是以恢复自己合法继承被继承人的物权为目的的诉讼活动。因此,只有当侵害实际发生时或发生后,受害人或受害人的代理人才可以提出,受害人可以直接向侵害人提出,通过协商合理解决,也可以向村(居)民委员会提出,通过调解解决,还可以直接向人民法院提出,通过诉讼程序调解或判决解决。

知识链接

继承恢复请求权的构成要件包括:

（1）无继承权人须事实上占有遗产标的物。若无继承权人仅主张权利，或否认权利人的继承权，而没有占有遗产，则继承恢复请求权不能行使。

（2）遗产占有人须无正当依据地占有遗产。若占有人本身是基于质权、留置权或特定的合同债权而占有遗产，则继承恢复请求权不能行使。

（3）遗产占有人须否认权利人的继承权。遗产占有人并非基于否认继承权而无权占有遗产的，权利人应当主张相应的请求权，如物上请求权等，以获得救济。

（4）权利人须享有合法的继承权。如果权利人因特定事由丧失继承权，则其自然不能主张继承恢复请求权。

68. 遗产继承的类别有哪些？

（1）法定继承。法定继承，是指按照法律直接规定的继承人范围、继承顺序和遗产分配原则等进行财产继承的一种继承制度。法定继承是一个强制性规范，除被继承人生前依法以遗嘱的方式改变外，其他任何人均无法改变。

（2）遗嘱继承。遗嘱继承，又称指定继承，是法定继承的对称，是指被继承人生前通过立遗嘱的形式确定其个人财产在其死亡后的继承人及分配的法律制度。公民可以依照本法规定立遗嘱处分个人财产，并可以指定遗嘱执行人。

遗嘱有以下五种形式：

①公证遗嘱：即立遗嘱人至公证机关对其遗嘱行为及遗嘱内容进行

公证。

②自书遗嘱:即立遗嘱人亲笔书写的遗嘱,该遗嘱必须由立遗嘱人亲笔签名,并注意年、月、日。

③代书遗嘱:即立遗嘱人委托他人代笔书写的遗嘱。代书遗嘱应有两个以上见证人在场,其中一人代书,注明年、月、日,并由代书人、其他见证人和遗嘱人签名。见证人不得为遗嘱确定的继承人。

④录音遗嘱:即立遗嘱人通过录音或录像的形式,确定其遗嘱的内容。录音遗嘱同代书遗嘱一样,需要有两个以上的见证人在场,并将其见证的情况进行录音、录像。完后,应将录音、录像内容封存,封口由见证人及遗嘱人签名盖封。

⑤口头遗嘱:即立遗嘱人在危急情况下,无条件书写、录音或办理公证时,口头订立遗嘱的行为。口头遗嘱应当有两个以上见证人在场见证。危急情况解除后,遗嘱人能够用书面或者录音形式立遗嘱的,所立的口头遗嘱无效。

(3)代位继承。代位继承,又称"间接继承",是指在法定继承中,被继承人的子女先于被继承人死亡的,被继承人的子女的晚辈直系血亲代替其父母的继承顺序继承被继承人的遗产的法律制度。该制度的设立是基于继承权的行使主体应为实际生存,若继承人先于被继承人死亡,显然无法行使继承权利。为了保障先于被继承人死亡的继承人的晚辈直系血亲的物质及经济利益,因而设立了代位继承制度。

(4)转继承。转继承,又称为再继承、连续继承,是指继承人在继承开始后、遗产分割前死亡,其应继承的遗产转由他的合法继承人来继承的制度。实际接受遗产的已死亡继承人的继承人称为转继承人;已死亡的继承人称为被转继承人。

(5)遗赠。遗赠,就是指公民通过设立遗嘱,将其个人所拥有的财产的一部分或者全部,待其死亡后无偿赠送给国家、集体组织、社会团体或者法定继承人以外的人的行为。《民法典》规定:"公民可以立遗嘱将个人财产赠给国家、集体或者法定继承人以外的人。"

知识链接

继承开始的时间、场所和通知:

(1)继承开始的时间。继承因被继承人死亡而开始,被继承人死亡的时间也就是继承开始的时间。自然死亡的,以死亡的确切时间为继承开始的时间;被宣告死亡的,以法院判决中确定的死亡时间为继承开始的时间。

(2)继承开始的场所是被继承人的住所地或主要遗产所在地。

(3)继承开始后的通知。继承开始后,知道被继承人死亡的继承人应当及时通知其他继承人、受遗赠人和遗嘱执行人,且不得在其他继承人或受遗赠人未全部到场的情形下单独对遗产行使权利,否则将构成对其他权利人的继承权或受遗赠权的侵害。继承人中无人知道被继承人死亡或者知道后而不能通知的,由被继承人生前所在单位或者住所地的居民委员会、村民委员会负责通知。通知的方式可以包括口头通知、书面通知、登报公告等。随着现代信息技术的发展,通知方式灵活多样,可以是电话通知、短信通知或者借助其他互联网即时通信工具发出通知。

69. 有效遗嘱和无效遗嘱的条件有哪些?

(1)遗嘱的有效要件

①主体要件。遗嘱人在遗嘱作成时须有遗嘱能力,即遗嘱人设立遗

嘱的行为能力。遗嘱能力和民事行为能力未必具有一致性。如前所述，根据《民法典》的规定，完全民事行为能力人才有遗嘱能力，无民事行为能力人和限制民事行为能力人并无遗嘱能力。对遗嘱能力的判断应以设立遗嘱时为准。

②客体要件。遗嘱所处分的财产须是遗嘱人的个人合法财产，且须是遗嘱人死亡时所遗留的财产。

③内容要件。遗嘱必须是遗嘱人的真实意思表示；遗嘱不得取消缺乏劳动能力又没有生活来源的继承人的继承权；遗嘱须为胎儿保留必要的继承份额；遗嘱内容不得违反社会公德和公共利益。根据《民法典》第一千一百四十三条第（二）、（三）、（四）款的规定，受欺诈、胁迫所立的遗嘱无效；伪造的遗嘱无效；遗嘱被篡改的，篡改的内容无效。

（2）无效遗嘱的情形

①无民事行为能力人或者限制民事行为能力人所立的遗嘱。完全民事行为能力人于设立遗嘱后被宣告为无民事行为能力人或限制民事行为能力人的，其原设立的遗嘱仍有效；但其于民事行为能力变动以后对原设立遗嘱变更或撤回的，遗嘱的变更或撤回无效。

②受胁迫、欺诈所设立的遗嘱，不是遗嘱人真实意思表示，因欠缺遗嘱的合法要件而无效。受胁迫、欺诈订立的遗嘱，在遗嘱人生前可以通过另订遗嘱、事实行为以及法律行为将该遗嘱撤销；在遗嘱人死后，有关的利害关系人可以向法院请求遗嘱无效，应负证明遗嘱是遗嘱人因受胁迫、欺诈所设立的举证责任。应当注意的是，受胁迫、欺诈所设立的遗嘱，虽然也是民事法律行为，但是不适用《民法典》总则编第一百四十八条至第一百五十条的规定，不属于可撤销的民事法律行为，而是无效的民事法律行为。

③伪造遗嘱及代理订立遗嘱。这是指以被继承人的名义设立，但根

本不是被继承人意思表示的遗嘱。只要不是遗嘱人的意思表示而名义上是遗嘱人的遗嘱都属于伪造遗嘱,不论其内容如何、是否损害了继承人的利益,均为无效。

④被篡改的遗嘱内容。遗嘱的内容被遗嘱人以外的其他人作了更改,对遗嘱的内容修改、删节、补充等。经篡改的遗嘱内容已经不再是遗嘱人的意思表示,而是篡改人的意思表示,因而不具有遗嘱的效力,为无效。遗嘱不能因被篡改而全部无效,遗嘱中未被篡改的内容仍然是遗嘱人的真实意思表示,仍然有效。

知识链接

在遗产继承中,被继承人立有遗嘱将其个人财产指定由法定继承人的一人或者数人继承,或者在遗嘱中明确将其个人财产赠给国家、集体或者法定继承人以外的人的,应遵照该遗嘱执行。

此外,根据《民法典》规定,立有遗嘱的遗产继承中,有下列情形之一的,遗产中的有关部分按照法定继承办理:遗嘱继承人放弃继承或者受遗赠人放弃受遗赠的;遗嘱继承人丧失继承权的;遗嘱继承人、受遗赠人先于遗嘱人死亡的;遗嘱无效部分所涉及的遗产;遗嘱未处分的遗产。

70. 什么是遗赠扶养协议?

遗赠扶养协议,是指受扶养人(即遗赠人)与扶养人签订的关于扶养人承担受扶养人生养死葬的义务,受扶养人将自己的财产于死后赠与扶养人的协议。扶养人可以是公民也可以是集体经济组织。公民可以与扶养人签订遗赠扶养协议。按照协议,扶养人承担公民生养死葬的义务,享有受遗赠的权利。

遗赠扶养协议相较于遗赠,虽同有遗赠两个字,但法律意义完全不同:第一,遗赠扶养协议是双方当事人相互协议的结果,而遗赠则只需遗赠人单方作出意思表示即可。第二,遗赠扶养协议在双方签订好遗赠扶养协议时即可发生法律效力,而遗赠则需要待遗赠人去世后才发生法律效力。第三,遗赠扶养协议的双方当事人均负有法律义务,即扶养人有负责受扶养人生养死葬的义务,受扶养人有将自己的财产遗赠给扶养人的义务;遗赠中,除非设定了受遗赠人的义务,否则受遗赠人不负义务。第四,遗赠扶养协议约定的是一种对价的法律行为,扶养人没有尽到对受扶养人生养死葬的义务,就无法得到受扶养人的财产;遗赠即便设定了一定的义务,也不是对价义务,并且设定的义务不得超过以后可能获得的财产利益。

基于遗赠扶养协议中所设定的财产需以付出对价义务为前提,相较于法定继承、遗嘱、遗赠的无偿性而言,其效力的保障程度更高。这也表明,遗赠抚养协议的法律效力高于法定继承、遗嘱继承及遗赠。

知识链接

遗赠扶养协议和遗赠都是遗赠人以遗嘱的方式将其财产权利于死后转移给法定继承人以外的人的民事法律行为,受遗赠人的受遗赠权都是在遗嘱人死亡后才能实现。但两者作为不同的法律制度,有以下重要的区别:

(1)遗赠扶养协议是双方民事法律行为,协议的成立需遗赠人与扶养人双方意思表示的一致。而遗赠是单方民事法律行为,其成立无须受遗赠人承诺。

(2)遗赠扶养协议是双方、有偿的民事法律行为,受遗赠人享有受遗赠权以承担扶养遗嘱人的义务为前提。而遗赠是单务、无偿的民事法律行为,受遗赠人只享有遗赠人指定的赠与财产上的权利,而不承担财产上的义务。

(3)遗赠扶养协议是诺成性民事法律行为,协议一经签订即生效力。而遗赠是死因民事法律行为,虽在遗嘱人生前成立,但在遗赠人死亡后才生效力。

(4)遗赠扶养协议中的扶养人必须是具有完全民事行为能力的成年人或集体组织,而遗赠中的受遗赠人不受此限。

(5)遗赠扶养协议中的扶养人无需在遗嘱人死亡后作出接受遗赠的意思表示,即可以直接依协议取得遗产。而遗赠中的受遗赠人必须在法定期限内作出接受遗赠的明确意思表示,否则,视为放弃受遗赠权。

71. 什么是夫妻共同遗嘱?

夫妻共同遗嘱,是指具有合法夫妻关系的夫和妻,基于共同的目的,在一个共同意思下所立的一份遗嘱。夫妻共同遗嘱可以从以下几个方面理解:

(1)夫妻共同遗嘱在法律上虽未明确规定,但其仍然是夫妻双方对于共同及(或)其个人财产的自由处分行为,应受法律保护。

(2)夫妻共同遗嘱的订立除应遵循《民法典》关于遗嘱订立的相关要件外,还应具备以下要件:

①双方存在合法的夫妻关系。无效婚姻下的"夫妻"设立的共同遗嘱因不具备共同基础,所以不能设立共同遗嘱。

②夫妻双方都具备立遗嘱的能力,任何一方是无行为能力人或限制

行为能力人,所立共同遗嘱无效。

③夫妻双方必须具有共同的意思表示,即夫妻二人设立该份遗嘱的目的是一致的。

④夫妻双方不能在共同遗嘱中剥夺生存一方的遗嘱撤销权,否则就会限制生存一方自由处分其合法财产的权利。

(3)夫妻设立了共同遗嘱以后,仍可根据具体情况由双方或一方撤销该共同遗嘱。

①夫妻双方或一方立共同遗嘱时存在欺诈、胁迫的情形,因为遗嘱并非夫妻的真实意思,所以应当允许立遗嘱人撤销,但应该通过法院提出撤销申请。

②夫妻二人如果觉得有必要,可以在协商一致的基础上,共同撤销先前订立的遗嘱。但如果遗嘱是经过公证的,撤销该份遗嘱应当到公证机关办理撤销手续。

③订立共同遗嘱后,夫妻任何一方反悔,均可对原先所立共同遗嘱进行撤销。但若共同遗嘱中明确约定撤销条件,在条件不具备时,其撤销权应受到限制。

知识链接

共同遗嘱是两个或两个以上公民于同一份书面形式上所订立的遗嘱。源于欧州中世纪的习惯法。现代各国民法对此规定不一,主要有以下几种做法:

(1)不承认共同遗嘱。如日本、法国继承立法禁止两个或两个以上的人设立共同遗嘱。

(2)仅承认夫妻共同遗嘱。如德国继承立法。

(3)承认一切共同遗嘱。如英国和美国的判例法不仅承认共同遗嘱,而且对任何形式的共同遗嘱均不加限制。但多数国家继承法对共同遗嘱未作专门规定。中国继承法对共同遗嘱也未作专门规定。有人认为共同遗嘱与遗嘱的法律特征相悖。中国司法实践很少有共同遗嘱的情况。

72. 遗嘱的时效限制是多久?

立遗嘱是公民的一项私权行为,表现为公民对个人财产的自由处分。公民可以在遗嘱中自主决定其遗产承受人,承受人既可以是其法定继承人,也可以是国家、集体或其他公民(此类遗嘱在法律上叫遗赠)。

遗产承受人有权按照遗嘱接受或放弃遗产。然而,遗嘱何时生效,遗产承受人什么时候可以接受或放弃遗产? 会不会过了一段时间,就不能接受遗产了? 对于一个形式上完备、内容上确定的遗嘱,在遗嘱人死亡时生效。但遗嘱生效后,并不表明遗产承受人在任何时候均可不受阻碍地行使其继承权利。

遗嘱继承在本质上是财产所有权的流转,所以遗嘱继承的效力会受到财产所有权效力的影响。为了促进财产流转,充分利用财产,不让财产承受人躺在权利上睡觉,国家对遗产承受人继承权利的保护期限做了一定的规定,表现在:

第一,对受遗赠人接受遗产期限作了规制。受遗赠人应当在知道受遗赠后两个月内,作出接受或者放弃受遗赠的表示。到期没有表示的,视为放弃受遗赠。

第二,对继承权受到侵害请求法院保护的期限作了规定。继承权纠纷提起诉讼的期限为 3 年,自继承人知道或者应当知道其权利被侵犯之日起计算。但是,自继承开始之日起超过 20 年的,不得再提起诉讼。即如果受遗赠人在法定时间内不作出接受遗赠的表示,其继承权就不再受法律保护;如果遗产承受人知道或者应当知道其继承权受到了侵害,不在法定期间起诉,就丧失提起诉讼请求法院保护的权利。

知识链接

我国有关法律法规规定:

(1)在诉讼时效期间内,因不可抗拒的事由致继承人无法主张继承权利的,人民法院可按中止诉讼时效处理。

(2)继承人在知道自己的权利受到侵犯之日起的二年之内,其遗产继承权纠纷确在人民调解委员会进行调解期间,可按中止诉讼时效处理。

(3)继承人因遗产继承纠纷向人民法院提起诉讼,诉讼时效即为中断。

(4)自继承开始之日起的第十八年后至第二十年期间内,继承人才知道自己的权利被侵犯的,其提起诉讼的权利,应当在继承开始之日起的二十年之内。

73. 如何调解遗产继承纠纷?

继承纠纷通常是因为遗产分割产生争议所致,纠纷往往发生在与被继承人有着血亲关系和婚姻关系的家庭成员之间,并往往涉及当事人以及当事人与死者的亲情纠葛。因此,妥善解决遗产分割纠纷,对维护家庭和谐、社会安定尤为重要。

（1）男女享有平等继承权。受传统习俗的影响，有些人还保留着遗产"传男不传女"的错误观念。因此，应当在继承过程中强调男女平等的法治观念，除非当事人自愿放弃，男女在继承权上一律平等。具体表现在：财产继承权不分男女，平等享有；同一顺序的继承人继承遗产的份额不分男女，应当均等；有代位继承权的晚辈直系亲属不分男女都有权代位继承父或母的遗产；配偶一方死亡，继承的一方不分男女都有权处分其所继承的遗产，也可以在继承遗产后自主决定再婚与否。

（2）养老育幼，保护弱者。婚生子女、非婚生子女、养子女与形成抚养关系的继子女享有平等的继承权；在分割遗产时，要注意保留胎儿的继承份额，对生活有特殊困难或缺乏劳动能力又没有生活来源的继承人予以照顾，对与被继承人共同生活的老年人和未成年人应当多分遗产；在遗嘱继承中，即使遗嘱人未保留胎儿或缺乏劳动能力又没有生活来源的继承人的遗产继承份额，也要给予分配遗产。这既体现了社会主义法律对弱者的保护，又有助于社会和谐稳定。

（3）权利义务相一致。如果被继承人没有订立遗嘱，也没有订立遗赠抚养协议，其遗产按照法定继承处理。而法定继承的具体方案，实际是推定该方案最能体现被继承人的意志，体现普遍的社会评价。其中，对被继承人尽义务较多的，应当多分得遗产。丧偶儿媳对公、婆，丧偶女婿对岳父、岳母尽了主要赡养义务的，可以成为第一顺序法定继承人，享有第一顺序继承权；分配遗产时，对被继承人尽了主要扶养义务或者与被继承人共同生活的继承人，可以多分；有扶养能力和有扶养条件的继承人，不尽扶养义务的，应当不分或者少分；继承人以外的对被继承人扶养较多的人，可以分得适当的遗产；继承人继承遗产时，应当先清偿被继承人的债务；遗赠扶养协议的扶养人如果未尽扶养义务，不得享有受遗赠的权利。权利义务相一致原则的贯彻，体现了国家公共政策的导向，鼓励养老助老良好风气的形成,有利于保护老年人的合法权益。

（4）充分发挥遗产效用。遗产分割应当有利于生产和生活需要,不损害遗产的效用,不宜分割的遗产可以采取折价、适当补偿或者共有等方法处理。在当事人之间争执不下时,调解人员可适时提供一个各方共赢、促进遗产充分利用的方案,有助于快速达成调解方案。以协商方式处理遗产纠纷有利于家庭成员之间的和睦团结,由协商解决完全基于有关当事人的自愿行为,因此处理后不会伤害彼此之间的亲情,也有利于纠纷的迅速、彻底解决。由于以协商方式处理遗产纠纷,不需经过别人的调解,更无须诉诸法院,节省了当事人的人力、财力和时间。同时,协议是当事人自行协商达成的,因而能够使纠纷得到彻底解决。

知 识 链 接

继承纠纷可分成两类:一类是非侵权纠纷,如继承人仅对遗嘱的效力、遗产的范围和数额、继承人的范围和顺序等问题认识不一而产生的纠纷。另一类是侵权纠纷,即因发生侵害继承权、受遗赠权的行为,如:非法取消继承人、受遗赠人资格的行为;隐匿、侵吞或争抢遗产的行为;非法处分未分割的遗产的行为;非法扣减继承人应继承的遗产份额和遗赠财产的数额的行为;法定代理人损害被代理人的继承权、受遗赠权的行为;遗产分割时,未保留胎儿的继承份额的行为;非法剥夺法定继承人以外的人依法可以分得遗产的权利,或者非法扣减其应得的遗产份额的行为。这些继承纠纷均可依法进行处理。妥善处理遗产继承,避免或减少遗产纠纷,促进家庭成员之间的和睦团结互助和社会安定,有利于调动积极因素,促进社会主义经济的发展。

第四章 抚养与探望问题

74. 父母对子女有哪些抚养责任?

（1）抚养时间的长期性。即从子女出生时开始,到子女达到成年年龄具有独立生活能力为止,父母均责无旁贷地承担抚养义务。

（2）抚养内容的复合性。包括四个方面:一是精心关怀、照料子女、为子女营造安全、健康、幸福的生活条件和氛围,确保子女的生命权、健康权、生存权;二是提供子女所必需的一切生活费用,为子女健康成长和发展提供经济保障;三是提供子女教育、学习费用,保证子女充分享受并接受义务教育的权利,为培养和提供子女的文化素质和生活技能创造条件;四是言传身教,身体力行,以健康的思想、品行和正确的方法教育子女,使生活抚养与家庭教育有机统一起来。

（3）抚养责任的无条件性。父母对未成年子女的抚养作为生活保持义务,是无条件的,子女一旦出生,父母无论经济条件、劳动能力如何,也无论是否愿意,均必须依法承担抚养义务。

（4）义务履行的自觉性。基于亲子关系的特殊情感联系和家庭共同生活状态,父母对未成年子女的抚养虽是强制义务,但绝大多数情形是父母自觉自愿地履行其义务为结果,法律和社会公力无需过多干预或介入。然而,这并不排除现实生活中少数人自私自利,生而不养,公然背离作为父母应承担的道义责任和法律义务。在此情形下,则必须动用社会公力,强制父母履行抚养义务,禁止溺婴、弃婴和其他残害婴儿的行为。

知识链接

子女的抚养纠纷通常发生在父母离婚后。另外,父母分居,或者父母未婚同居生育子女的,也会发生子女抚养纠纷。父母双方争执的主要问题是孩子随哪一方共同生活,不直接抚养子女的一方给付多少子女抚养费。

75. 如何判定离婚后子女的抚养归属?

(1)两周岁以下的子女,一般随母方生活。母方有下列情形之一的,可随父方生活:患有久治不愈的传染性疾病或其他严重疾病,子女不宜与其共同生活的;有抚养条件不尽抚养义务,而父方要求子女随其生活的;因其他原因,子女的确无法随母方生活的。

(2)父母双方协议两周岁以下子女随父方生活,并对子女健康成长无不利影响的,可予准许。

(3)对两周岁以上未成年的子女,父方和母方均要求随其生活,一方有下列情形之一的,可予优先考虑:已做绝育手术或因其他原因丧失生育能力的;子女随其生活时间较长,改变生活环境对子女健康成长明显不利的;无其他子女,而另一方有其他子女的;子女随其生活,对子女成长有利,而另一方患有久治不愈的传染性疾病或其他严重疾病,或者有其他不利于子女身心健康的情形,不宜与子女共同生活的。

(4)父方与母方抚养子女的条件基本相同,双方均要求子女与其共同生活,但子女单独随祖父母或外祖父母生活多年,且祖父母或外祖父母要求并且有能力帮助子女照顾孙子女或外孙子女的,可作为子女随父或母生活的优先条件予以考虑。

（5）父母双方对十周岁以上的未成年子女随父或随母生活发生争执的,应考虑该子女的意见。

（6）在有利于保护子女利益的前提下,父母双方协议轮流抚养子女的,可予准许。

知识链接

夫妻离婚后,是从法律上解除了婚姻关系,夫妻间的相互的权利和义务随之终止。但是,这并不意味着解除了婚姻关系也就解除了对孩子的抚养、教育的义务。《民法典》规定:父母与子女间的关系,不因为父母离婚而消除。离婚后,子女无论由父或由母直接抚养,仍是父母双方的子女。因此,夫妻离婚后,父母对于子女仍有抚养和教育的义务。

离婚后,孩子由谁抚育,应从有利于孩子健康成长的角度考虑,在这个前提下,夫妻离婚时可以协商确定,协商不成,可由人民法院判决。人民法院对于离婚案件中的子女抚养问题必须慎重处理,因为这不仅关系到子女今后的成长问题,而且可以稳定离婚后的男女双方的关系,不至于因子女的抚养问题发生矛盾。人民法院处理此问题应依照《民法典》的相关规定、最高人民法院《关于人民法院审理离婚案件处理子女抚养问题的若干意见》以及《中华人民共和国未成年人保护法》《中华人民共和国妇女权益保障法》等有关法律规定,从有利于子女身心健康,保障子女的合法权益出发,结合父母双方的抚养能力和抚养条件等具体情况妥善解决。

76. 哪些情形父母对成年子女有抚养义务？

父母对于成年子女是否还具有抚养义务是需要分情形而论。一般来说，子女成年独立生活后，父母在物质和生活上不再有抚养义务。但是，对以下情况下的成年子女，父母有能力负担时，有教育抚养的义务：

（1）成年子女因自身的生理、心理的客观障碍和短期内学习条件的限制，没有劳动能力或独立经济来源，确实需要他人供养或扶助。

（2）父母在现实条件下具备承担供养义务的经济承受能力或提供扶助的身心操劳能力。

只有在这两方面同时符合的前提下，父母才对子女承担抚养义务。

知识链接

当父母不履行义务时，未成年子女有向父母追索抚养费的权利。因追索抚养费而发生的纠纷，可由有关部门进行调解，也可由人民法院依诉讼程序处理。对拒绝抚养、情节恶劣，构成犯罪的，应依法追究刑事责任。

77. 哪些情形祖父母对孙辈有抚养义务？

法律规定有负担能力的祖父母、外祖父母，对于父母已经死亡或父母无力抚养的未成年的孙子女、外孙子女，有抚养的义务。也就是说祖父母抚养孙子女有以下三个条件：祖父母有负担能力，即经济能力；孙子女的父母必须死亡或者父母无力抚养;孙子女必须是未成年人。

《民法典》第一千零七十四条规定,有负担能力的祖父母、外祖父母,对于父母已经死亡或者父母无力抚养的未成年孙子女、外孙子女,有抚养的义务。有负担能力的孙子女、外孙子女,对于子女已经死亡或者子女无力赡养的祖父母、外祖父母,有赡养的义务。

知识链接

中国是世界上为数不多的普遍存在"隔代教育"的国家。在国外,孩子很小就进了幼儿园、托儿所,18岁独立成人,所以基本上没有隔代教育。据调查显示,在我国城镇有近五成的孩子跟着爷爷奶奶、外公外婆长大,孩子的年龄越小,与祖辈家长在一起生活的比例就越高。随着社会高龄化趋势的形成,隔代教育现象愈来愈普遍。年轻的父母在生活、学习、工作压力下,该如何承担家庭教育的责任已成为一个社会问题。

从长远看,隔代教育弊大于利,但也不能全盘否定隔代教育。隔代教育作为一种客观存在的家庭教育方式,对孩子的个性发展有极大的影响。所以,我们应该清楚地认识到隔代教育的利与弊,在发挥其教育优势的同时,认真克服种种负面影响,使孩子现有的家庭教育状况得以改进,使孩子快乐、健康地成长。

78. 抚养变更有哪些条件?

抚养变更的条件有:

(1)与子女共同生活的一方因患严重疾病或因伤残无力继续抚养子女的。一方患病或者伤残,必然影响到对孩子的教育和照料,从孩子成长的角度出发,不是如何变更抚养权的问题,而是必须要变更孩子抚养权问题。

(2)与子女一同生活的一方不尽抚养义务,或有虐待行为的,或其与子女共同生活对子女身心健康有不利影响的。有的父母离婚时争夺抚养权不是为了给孩子创造更好的生活条件,只是为了财产分割或是为了达到报复的目的。目的一旦达到,就对孩子不管不问,不履行自己的抚养义务,有的还甚至对孩子打骂虐待。在这种情况下,关心孩子成长的另一方可以要求变更离婚孩子抚养权。但是,变更抚养权不能要求重新分割原有的共同财产。

(3)十周岁以上未成年子女,愿随另一方生活的。十周岁以上的未成年人属于限制行为能力人,可以从事与其年龄相关的民事活动。父母离婚时,对于十周岁以上的子女的抚养权归属,应当听取孩子的意见。而在离婚时不满十周岁,过了几年,超过十周岁后,如果孩子明确表示愿意跟随另一方生活,就可以申请变更离婚孩子抚养权。

(4)有其他正当理由需要变更的。这是个兜底条款,社会现实是复杂的也是在不断发展的,对于那些制定司法解释时考虑不到的问题,司法解释赋予了法官一定的自由裁量权,法官可以根据自己对客观情况的主观认识来判断是否应改变离婚孩子抚养权。

知识链接

司法实践中,常常会出现没有与子女一起生活的一方擅自变更子女抚养关系的情况,但引起的原因是不同的,对此,应根据实际情况分别处理:

(1)有正当理由的,可告知依法起诉。离婚后,抚养子女的一方确实没有尽到抚养责任,或者有虐待、遗弃子女等行为的,另一方为了保护子女的身心健康而擅自将子女骗走或抢走的,这种行为是法律所不允许的。应告知其依法起诉,由人民法院确定是否变更子女抚养关系。

(2)子女擅自变更的,可告知由其法定代理人依法起诉。受一方抚养的子女因种种原因,如因受歧视、虐待等,而自行躲避到另一方的家中,并且明确表示再也不愿与抚养方一起生活的,其法定代理人应代理其子女起诉,要求人民法院变更子女抚养关系。

(3)没有正当理由抢走或骗走孩子,应说服教育其送回孩子,经说服教育仍不送回孩子的,人民法院可依法采取强制措施。强制措施执行的对象并不是该子女,而是抢走或骗走该子女的当事人。

79. 抚养权变更协议书怎么写?

夫妻双方签订的抚养权变更协议,要求的内容有:

(1)夫妻双方的信息,其中就有家庭住址、身份信息等。

(2)然后要在协议中表明双方是在平等自愿的基础上,经过充分的协商达成的相关协议。

(3)在协议书中的内容就还应该涉及子女抚养权的具体事宜,其中就有父母中的一方将子女抚养到成年的期间,负责的日常生活、教育、健康等方面。

(4)被扶养人的抚养费用问题以及抚养费的支付方式。

(5)对于子女的探视问题,探视的时间以及次数的约定,并且要保证探视期间孩子的安全以及身心健康。

(6)在夫妻签订变更抚养权协议的时候,考虑得更多的应该是孩子的利益,坚持一切以"有利于孩子的健康成长"为原则,来订立具体的约定,对于协议商讨时遇到的问题,主要应该以协商的方式解决。

(7)在协议的最后要签上双方的名字,并且标注协议的签署日期。

在协议订立之后需要将协议准备三份,孩子的父母各持一份,还有一份需要交给派出所办理户口的迁移,一般派出所办理迁户的手续应该在变更抚养权协议签订之后的三个月内办理完成。

知识链接

在子女抚养权的问题上,父母都有对子女的抚养权利与义务。

(1)一般在夫妻离婚之后会将子女的抚养权判给其中的一方,但是如果在之后的时间里作为抚养子女的一方,抚养能力或是情况有较大的变化,那么另外一方就可以提出变更子女抚养权的要求。

(2)要变更子女的抚养权,主要就是通过父母的协商来达成协议,完成抚养权的转移,如果父母没有对子女的变更抚养权问题达成一致的协议,而另一方坚持要求变更抚养权的话,就可以向人民法院提出裁决的请求。

(3)因为抚养权问题在夫妻离婚时签订的离婚协议书中是有具体约定的,所以在离婚后要变更抚养权就需要由双方达成变更抚养权的协议,并且到相关的部门办理抚养权属人身关系变更的公证,这样才能使双方签订的变更抚养权协议产生相应的法律效力。

(4)要求对变更抚养权协议进行公证是为了证明相关的民事行为,并且使得协议书这样的法律文书产生实际的法律效力,为日后的相关问题解决提供事实的证据。

(5)对于公证之后的变更抚养权协议书的内容,人民法院以及相关的行政部门和事业单位都应该采用。

在办理变更抚养权协议书公证的时候需要注意的是,这是属于一种涉及双方当事人以及被抚养人权益的协议,所以在进行公证的时候需要严格按照相关的规章制度进行,并要求双方的当事人必须亲自来办理手续,不能够委托他人进行办理。

80. 什么是抚养费?

抚养费,是指父母离婚后不直接抚养子女的一方应负担部分或全部的子女的生活费、教育费和医疗费等费用。抚养费的数额,可以根据子女的实际需要、父母双方的负担能力和当地的实际生活水平确定。抚养费包括生活费、教育费和医疗费。抚养子女是父母的法定义务,离婚后不直接抚养子女的一方应当负担部分或者全部抚养费。

知识链接

尚在校接受高中及以下学历教育的教育费应当负担,但是因为上收费较贵的私立学校、贵族学校而多支付的择校费用,或者是因考分不够而产生的赞助费,不应当属于抚养费。子女就读未经父母双方全部同意的,不同意的父、母一方可不支付该笔费用,由同意方父、母支付。

抚养费以必要为限,子女购买电脑手机等费用、外出旅游的费用、购买商业保险的费用等,这些费用的支出没有法律依据,父母可以拒绝支付。子女大病及绝症的医疗费,以社会医疗保险能报销的为限,如子女因患有肾功能衰竭需要换肾的费用、子女患有白血病需要骨髓移植的费用等都不属于抚养费之列,父母只有道义上承担该费用的责任,而不存在法律上承担该费用的义务。

81. 子女抚养费的数额是多少?

确定子女抚养费的数额,可根据子女的实际需要、父母双方的负担能力和当地的实际生活水平综合确定。负有给付义务的一方有固定收入的,抚养费一般可按其月总收入的20% ~30%的比例给付。负担两个以上子女抚养费的,比例可适当提高,但一般不得超过月总收入的50%。对于一方无固定收入的,抚养费的数额可依据当年总收入或同行业平均收入,参照上述比例确定。

有特殊情况的,可适当提高或降低上述比例。对一方无经济收入或者下落不明的,可用其财务折抵子女抚养费。父母双方可协议子女随一方生活并由抚养方负担子女全部抚养费。但经查实,抚养方的抚养能力明显不能保障子女所需费用,影响子女健康成长的,另一方必须给付子女抚养费,以保障子女健康成长。

知 识 链 接

子女抚养费的给付期限一般至子女18周岁为止。16周岁以上不满18周岁,以其劳动收入为主要生活来源,并能维持当地一般生活水平的,父母可停止给付抚养费。子女抚养费应定期给付,有条件的也可一次性给付。根据当事人的具体情况,可给付金钱或实物。

抚养费的支付方式一般是按月支付,按月打入孩子抚养费的专用账户或在探视孩子时支付。实践中,很多当事人都要求对方一次性支付抚养费。但是,是否采用一次性的支付方式,法院要看对方的实际支付能力,以及对方当事人的态度。不直接抚养子女的一方不同意一次性支付的,法院不会判令其一次性支付。

82.抚养费的承担方式有哪些?

（1）由父母双方协议。父母通过平等自愿协商,就抚养费的有关问题达成明确具体的协议,不损害子女的合法权益的,应予准许。但是,协议应当有利于子女的健康成长,不得损害子女的合法权益。为了防止父母双方损害子女利益的情况发生,婚姻登记机关或人民法院应当认真根据双方的经济状况及其能力、子女的需要、当地的生活与教育水平等进行审查,如果协议不利于子女的,就不应准许。

（2）由人民法院判决。双方协议不成,或者其协议不予准许时,应由人民法院从保护子女合法权益、有利于子女健康成长的角度出发,根据子女的实际需要、父母双方的负担能力和当地的实际生活水平依法做出判决。

知识链接

如果一方无经济收入或下落不明而导致对方拿不到抚养费的话,可用其财物折抵子女抚育费。如果不给抚养费方存在减少给付情况,那他可以减少给付。减少给付情况,主要指给付一方,由于长期疾病或者丧失劳动能力,经济相当困难,无力按原数额给付,而抚养子女一方又能负担子女的大部分抚养费,那么可请求减少给付。

如果一方拒不交纳人民法院有关抚养费的判决或者裁定,另一方可以向法院申请强制执行,其他有关单位或者个人应当协助执行。如果一方不执行的是离婚协议中约定应给付的抚养费,另一方是不能直接向人民法院申请强制执行的,而必须要向人民法院提起民事诉讼,以原协议约定为证据,请求法院判令对方履行其应尽的义务。

83. 抚养费能否变更?

随着时间的推移,父母双方的收入情况及子女生活费和教育费的需求数额往往会有变化。从充分保护未成年子女的合法权益出发,父母一方可以根据实际情况的变化要求变更子女抚养关系,子女也可以要求增加抚养费。

(1)增加抚养费的条件:原定抚育费数额不足以维持当地实际生活水平的;因子女患病、上学,实际需要已超过原定数额的;有其他正当理由应当增加的。如,原来的抚养费标准过低等。

(2)减少抚养费的条件:由于长期患病或丧失劳动能力,失去经济来源,确实无力按原协议或判决确定的数额给付,而抚养子女的一方又能够负担,有抚养能力的;因犯罪被收监改造,无力给付的;直接抚养子女的一方再婚后,继父或继母愿意负担子女所需抚养费的一部或全部的。

知识链接

基于父母对子女的法定抚养义务,以及抚养费的数额以有利于子女的健康成长为原则,在原定的离婚协议或离婚判决确定的数额已明显不够时,子女当然有权要求父母增加抚养费。为此《民法典》规定,子女在必要时可以向父母中的任何一方请求超过协议或判决原定数额的合理要求。如因上学、患病等原因,所需要的费用增加。无论要求增加还是减少抚养费,在增加或减少抚养费的特殊情形消失时,对于增加抚养费的,可以要求恢复按原定数额支付;对于减少或免除抚养费的,应当恢复给付。

84. 如何调解抚养纠纷？

（1）抚养方案要有利于子女健康成长。有利于子女身心健康，保障子女的合法权益，是处理离婚后子女抚养归属问题的基本原则。在此原则指导下，结合父母双方的抚养条件和能力等具体情况妥善解决子女抚养争议。父母感情破裂后情绪通常会出现对抗，但在子女健康成长问题上，调解相对比较容易取得效果。在双方僵持不下时，强调子女健康成长的需要，有时可以促使一方在道德和舆论的压力下顾全大局，达成妥协。

（2）细化探望措施，解决双方后顾之忧。父母双方争夺子女抚养权的主要原因，往往出于担心自己与孩子的情感联系被切断，怕付出了抚养费却没有得到孩子的感情，落得人财两空。因此，抚养纠纷的解决，往往与双方对子女探望的安排密切相关。在抚养纠纷调解处理中，要注意妥善安排探望方案，同时要让直接抚养子女的一方知道如果无理阻挠对方探望子女，对方完全可以以此为由向法院起诉变更抚养关系，以此促使双方在子女探望问题上增强合作，为抚养问题的解决打下基础。

（3）工作方式上要注意尽可能减少对孩子的情感伤害。父母离婚可能会对子女产生情感上的严重伤害，这种伤害还可能对孩子心理造成长远的消极影响，并可能引发一系列社会问题。因此，在抚养关系纠纷中，要注意调和父母双方的矛盾，尽量避免因抚养关系处理不当对子女造成进一步伤害。如果双方尚未达成某种一致，抚养关系纠纷的调解处理宜避开子女。当父母双方达成一致，要让年龄较大的子女一起参与进来，营造相对正常、和谐的离婚气氛，建立子女对未来生活的正常心理预期。

(4)有条件考虑父母轮流抚养子女。父母轮流抚养子女具有一定的好处：给予子女全面的父爱和母爱,有利于子女健康成长。父母轮流抚养子女要符合以下条件：父母双方都具有抚养子女的能力与条件；双方必须协商一致,对期限、交接的方式、入托入学、抚养费的承担等,均要作出合理详尽的安排。另外,轮流抚养子女的安排要避免让孩子产生颠沛流离、与众不同的情绪,对此要适时进行疏导。

知识链接

抚养权纠纷牵涉夫妻双方及孩子。考虑到应减少对孩子的影响,起诉法院会询问双方当事人是否同意调解。能够通过调解方式解决,既提高办案效率,又减少双方的消极情绪对抗,对孩子是有好处的。调解后达成调解协议,制作的调解书同样具有法律效力。当然也可能调解无法解决问题,法院会根据证据证明的相关事实及法律规定,从当事人双方的实际情况及最有利于孩子成长的角度做出判决。法院民事案件地域管辖的基本原则是原告迁就被告,没有法律规定的特殊情况,抚养费纠纷由被告住所地的人民法院管辖,住所地和经常居住地不一致的由经常居住地的人民法院管辖。

85. 如何争取孩子的抚养权？

争取孩子的抚养权,要提供以下证明：

(1)证明自己更适合抚养子女。主要包括：自己工资收入、教育程度优于对方的,可收集工资表、纳税证明、学位证书等证据；子女随自己生活时间较长,或者由自己的父母照顾更多的,可以由居委会开具证明、邻居提供证人证言等;自己居住环境优良、就学条件便利的,可提供相关证明;自己的父母愿意帮助带孩子的,可收集父母的身体情况、自愿带孩子的意愿等相关证据;自己工作表现、思想品质的单位证明;子女在两周岁以下的,女方可以提供子女的出生证明;能够证明自身条件有利于子女成长的其他证据。

(2)证明对方不适合抚养子女。对方有以下情况,不利于子女成长的,可以收集相关证据予以证明:对方有婚外情的;对方有不良嗜好,如赌博、酗酒等恶习的;对方有恶性传染疾病或其他重大疾病,影响孩子成长的;对方长期在外不回家,不尽抚养义务的;能够证明对方不适合抚养子女的其他证据。

知识链接

有利于争取孩子的抚养权的其他情况:

(1)子女十周岁以上未成年的,做好孩子的思想工作,争取孩子选择与自己生活。

(2)自己不能生育或者再次生育的几率较小,可提供相关医疗单据。

(3)自己无子女,对方有其他子女的证据。

一般情况下,法院调解孩子的抚养权在立案当天就可以进行。法院如果调解孩子的抚养权的话,主要是针对被告方展开谈话的。法院的调解内容肯定也是能够让双方明白到底什么样的环境才能够更适合孩子的成长,如果调解无效的话,法院通过法律依据判决。

86. 探望权具体指什么?

父母离婚后,他们的子女一般主要是由父或母一方直接进行监护和抚养,另一方只能通过探望子女而对子女进行教育,并实现亲情的交流。《民法典》规定,离婚后,不直接抚养子女的父或母,有探望子女的权利,另一方有协助的义务。所以探望权又称探视权,是指父母双方婚姻关系终止、被宣告无效或同居关系被解除后,未直接抚养子女的父或母一方基于父母子女之间的亲权关系而享有的探望、教育、保护子女的权利。

实践证明,不直接抚养子女的父或母一方经常探望子女,有利于父母更好地对子女进行抚养和教育,子女与父母双方都保持良好的亲情关系,有利于子女的身心健康与成长,有利于社会和谐。

知识链接

探望权是不直接抚养方基于父母子女身份关系而派生的一种法定权利,这已为我国理论界和司法界所共知的事实,但长期以来被忽视。从我国法律规定看,将子女列为被探望的客体,即只允许其被动地被探望而没有赋予其主动探望其不直接抚养的父或母的权利。这与我国立法旨意及现实情况不符。我国立法旨意在于保护未成年子女的身心健康,父母的探望权也是依附于子女的最佳利益而设的。探望权制度的设立有利于弥合家庭解体给父母子女造成的感情伤害,通过全面交流,增进感情,使子女真正感受到不因父母离婚而丧失的父爱或母爱,这种交流应该是双向性的,确切地说,于子女而言其更有探望父母、交流感情的欲望,从而减少被遗弃感,从一定程度上有利于维护社会的安定。

87. 探望权有哪些特征?

(1)探望权的权利主体为离婚后不直接抚养子女的父亲或母亲一方,而探望权的义务主体为离婚后直接抚养子女的一方。

(2)探望权是离婚后父亲或母亲对子女的一项法定权利。将探望权作为一项权利在法律上加以规定,是因为这不仅是亲属法上的权利,更是一种基本人权,父母子女之间基于血统关系而形成的情感,不会因为父母离婚而变化。离婚后不与子女共同生活的一方,通过探望子女,与子女交流,和子女短暂生活等多种形式行使探望权,从而达到继续教育子女的目的,对子女的价值观的形成起到积极作用。探望权不应是"权利的最小化",它不仅是权利,还必然成为"权利之外的东西"。

(3)探望权产生的时间是离婚后。离婚前,父母存在着有效的婚姻关系,与孩子共同生活,共同教育孩子,行使探望权的问题不存在。离婚后,父亲或母亲一方不能与孩子共同生活,因此产生了行使探望权的必要。

(4)探望权的行使必须有利于孩子的身心健康。

知识链接

对探望权的性质认识大致有以下几种:

一是探望权权利说,其中又分为广义说和狭义说两种。广义说认为探望权具有双向性,即探望权不仅是离异后不直接抚养子女的父母一方享有探望子女的权利,而且子女也应享有主动探望不直接抚养的父或母的权利。狭义说则认为探望权为单向性,仅为不直接抚养子女的父母一方享有,而子女不享有探望权。我国采纳的是狭义说。

二是探望权义务说,即探望权应为不直接抚养子女的父母一方的一种法定义务。当不直接抚养方不履行探望的义务时,则应承担相应的责任。

三是探望权权利义务说,即探望权于不直接抚养方而言,既是一种权利,也是一种义务,当其不履行探望义务时,应承担相应的责任;于未成年子女而言,则为一种权利,子女不具有探望的义务,也没有被探望的义务。这符合立法保护未成年子女身心健康的目的。

88. 探望权该如何行使?

子女探望权行使是指离婚后间接扶养子女的一方探望子女。对探望的方式、时间安排一般由父母在离婚时协议。为子女的健康成长,双方在离婚时应对子女的探望问题进行协商,对探望方法、时间进行具体、细致的安排。

离婚时双方对子女探望不能达成协议的,由人民法院在处理离婚案件时一并判决。一般在不影响子女的学习、严重改变子女生活规律的前提下,确定一段时间内,间接扶养方可与子女单独交流。

间接扶养方在行使探望权时,直接抚养子女的一方有协助的义务。如果直接抚养子女的一方不履行协助探望的义务,或者是采取各种手段,阻碍另一方实现探望权,那么有探望权的一方可通过向人民法院起诉,实现自己的探望权。对拒不执行有关探望子女的判决或者裁定的,人民法院可对有协助义务的个人和单位采取拘留、罚款等强制措施。

知识链接

《民法典》规定:对拒不执行有关抚养费、赡养费、财产分割、遗产继承、探望子女等判决或裁定的,由人民法院依法强制执行。有关个人和单位应负协助执行的责任。但是须注意的是,这里强制执行的对象只能是拒不履行协助责任的有关个人和单位,而不是子女。因为探望权纠纷案件涉及人身问题,如果执行不当,会对子女的身心健康造成严重的伤害。此外,如果子女已满 10 岁,对是否进行探望已具备独立思考能力和认识能力,人民法院应当征求子女的意见,如果子女不同意的,不应当强制执行探望权。

89. 哪些情况可以中止探望?

探望权的中止,是指因发生一定的法定事由,致使探望权不宜继续行使,而由人民法院依法暂时停止探望权的行使。探望权是离异父母依法享有的法定权利,不得任意阻碍、限制甚至剥夺。但是,如果行使探望权不利于子女的身心健康,有的甚至严重损害子女的利益时,就应对其探望权的行使给予必要的限制。

(1)探望权的中止以出现法定的中止事由为条件。中止探望权行使的法定事由,相关法律并未具体列举,而是概括地规定为不利于子女身心健康。一般而言,不利于子女身心健康的情形主要有:探望权人是无行为能力人或者限制行为能力人;探望权人患有严重传染性疾病或者其他严重疾病,可能危及子女健康的;探望权人在行使探望权时对子女有侵权行为或者犯罪行为,损害子女利益的;探望权人与子女感情严重恶化,子女坚决拒绝探望的;其他不利于子女身心健康的情形。值得注意的是,中止探望权的唯一条件是不利于子女的身心健康。至于其他原因,如父母之间相互关系恶化,或探望权人未及时给付抚养费等,都不能成为中止探望权的理由。

(2)关于提出中止探望权的请求权人。未成年子女、直接抚养子女的父或母及其他对未成年子女负担抚养、教育义务的法定监护人,有权向人民法院提出中止探望权的请求。

(3)中止探望权须经人民法院裁定,其他任何机关、任何人包括父母双方都不能中止未直接抚养子女的一方探望子女的权利。

知识链接

协助有探望权的一方实现探望权是直接抚养子女方的义务。直接扶养方不能禁止、阻碍其接触子女,以牺牲子女的需要为代价惩罚对方。只有在特定的条件下,才可请求法院中止其探望权。对中止探望的条件,《民法典》规定:父或母探望子女,不利于子女身心健康的,由人民法院依法中止探望的权利。中止的事由消失后,应当恢复探望的权利。当事人在履行生效判决、裁定或者调解书的过程中,请求中止行使探望权的,人民法院在征询双方当事人意见后,认为需要中止行使探望权的,依法作出裁定。中止探望的情形消失后,人民法院应当根据当事人的申请通知其恢复探望权的行使。

90. 为什么会产生探望纠纷?

现实生活中,随着离婚率的上升及未婚生育的增多,子女探望纠纷越来越多,多数表现为不与子女共同生活的一方想行使探望权探视子女,而与子女共同生活的一方出于种种原因不让探望,还有因对探视的时间、方式、次数及地点等意见不统一而产生纠纷。出现这些情况,大体有以下原因:

(1)错误认识。部分与子女共同生活的父亲(或母亲)错误认为,既然法院把子女判归自己,子女就属于自己,与对方无关,因而不允许对方探望子女;而对方有时也认为,既然法院将子女判归另一方,另一方就应完全承担子女的抚养教育义务,而与自己无关,甚至主动断绝与子女的往来,以达到推卸抚养教育子女的责任。

(2)报复心理。与子女共同生活的父母一方,出于对对方的报复、刁难等心理,故意以种种理由拒绝或设置障碍,甚至强行阻止对方对子女的探视,以对方的痛苦作为自己宣泄怨恨的通道;有的离婚诉讼中一方当事人出于个人原因,希望对方承担起抚养孩子的责任,但又想时常关注孩子的生活、学习,对方亦会以既然不愿承担抚养责任,就应断绝与孩子的往来相抵制。

(3)抚养费给付不到位。有的不与子女共同生活的父母一方因经济困难或是其他原因,一时给付不了或不愿给付抚养费,对方即以"不给抚养费别想看孩子"为由相要挟,故意阻断子女与父母他方的亲情与联系。

(4)错误教育。部分未成年子女在父母一方的错误教育下,对另一方产生错误认识,致使其在感情上不愿接受父母他方。

（5）探望权滥用。部分未与子女共同生活一方借频繁与子女见面之机干扰对方的正常生活,致使对方拒绝再行探视。

知识链接

行使探望权有一些注意事项,是大家必须了解的:

（1）法律规定的探望权主体为"不直接抚养子女的父或母",未成年子女的祖父母、外祖父母不是法定主体。因此,为满足他们的亲情需要,在协议行使探望权时不妨约定由祖父母、外祖父母接送孩子。

（2）行使探望权,应以不影响孩子的正常生活、学习为前提。

（3）离婚后,双方均有可能组成新的家庭,因此,行使探望权,应不影响对方的正常生活。

91. 如何调解子女探望纠纷

（1）教育双方多从子女健康成长角度考虑。离异家庭可能会给子女的健康成长带来不利的影响,所以离异后的父母应当更加注意子女的心理健康。在调解探望纠纷时,应当促使夫妻双方认识到,对孩子来说,父爱和母爱都非常重要,阻断子女和对方的亲情,不仅违反法律规定,更是对孩子权利的粗暴践踏。同时,要更多地在子女的健康成长问题上找到双方最大的共通点,引导双方克制夫妻反目带来的情感对立,理性处理子女探望问题。

（2）探望权行使方案不能损害子女的身心健康。父母离婚后,子女平时只能与父或母一方共同生活,家庭生活和成长环境发生的变化,对子女的身心健康及成长肯定会产生一定的影响。因此,解决子女探望纠纷的首要原则是,探望权的行使不得损害子女的身心健康。

(3)注意子女学习生活规律,适当设定探望方案。要妥善解决子女探望纠纷,关键在于父母双方能否协商解决子女探望问题。因为每个人的日常生活都不是一成不变的,探望子女的时间、地点、方式等都免不了要发生变化,这就需要父母双方本着有利于子女、方便双方的原则进行沟通,协商解决问题。通过协商,可以缓和双方的对立情绪,更好地体现以子女利益为重的精神,避免因探望给双方造成不便,从而为探望创造良好的氛围。

(4)根据子女的年龄层次适当考虑子女的意见。10岁以下的子女,属于无民事行为能力人,在探望问题上一般不考虑子女的意见;如果子女已超过10岁,对事物有一定的认知、判断能力,父母应适当地考虑他们的意见。否则,探望难以取得预期的效果。

知识链接

解决子女探望纠纷的法律途径:

(1)可依相关法律的规定请求人民法院追究其责任。法律规定,诉讼参与人或其他人拒不履行人民法院生效判决或裁定的,人民法院可以根据情节轻重予以罚款、拘留,构成犯罪的,依法追究其刑事责任。

(2)如果父母双方矛盾激烈,难以相互配合,可以考虑探望权受阻情况下由未成年子女就读的幼儿园或学校协助执行探望。

(3)如果不让探望一方对未成年子女进行损害父母子女关系的教育,将夫妻间"仇恨"传染给未成年子女,另一方可以申请变更抚养关系。因为不让探望一方使子女得不到父母双方的关爱,不利于子女的身心健康成长可以成为变更子女抚养关系法定理由。这样一来可以促使对方依法履行自己的协助义务,避免享有探视权一方的权益被肆意侵犯。

(4)探望权人可以要求精神损害赔偿。判决精神损害赔偿既可以补偿探望权人不能行使探望权受到的伤害,又可以约束抚养人履行协助义务。

父母一方被另一方禁止探望孩子,怎么办?

离婚后,子女无论由父或由母直接抚养,仍是父母双方的子女。不直接抚养子女的父或母,有探望子女的权利,另一方有协助的义务。夫妻双方离婚时关于一方不得探望孩子的约定,违反了《民法典》的规定,属于无效约定。夫妻双方应该从有利于孩子身心发展的角度重新协商探望的方式。

无论是离婚中还是离婚后,夫妻双方所要遇到的问题都是多种多样的,但是,父母与孩子的感情无论谁都无法分割。然而,现实生活中有的离异夫妻因记恨对方故意把孩子藏起来,不让对方探视,这样的例子数不胜数,这种情况又该如何处理呢? 其实完全可以向法院起诉要求保护其离婚后的子女探望权,可以要求采取强制措施,如拘留、罚款等方式,处罚故意阻挠其行使子女探望权的一方。

第五章　监护与收养问题

92. 什么是监护?

监护是为保护未成年人(不满18周岁的人)、精神病人的人身和财产权利而设立的由特定公民或组织对其予以监督、管理和保护的制度。其中,未成年人、精神病人是被监护人,特定公民或组织是监护人。关于监护,可以从三个方面来理解:

(1)监护是对未成年人和成年精神病人设定专门保护其利益,监督其行为,并且管理其财产的法律制度。

(2)监护是对民事行为能力欠缺者的救济制度。

(3)监护多发生在亲属间,性质上属于身份关系,同时适用亲属法上的规定。

知识链接

早在古罗马的《十二铜表法》里就有关于为浪费人和精神病人设置监护的规定。但当时的监护制度的目的在于保护家族的利益,由最有希望继承财产的人充当监护人,以监督被监护人,防止他们因缺乏自制、判断能力而致财产浪费和倾家荡产。以后,监护制度由保护监护人的观念发展为保护被监护人的观念,监护职务虽然有权利的内容,但更主要的是监护人对被监护人的义务。

我国的监护制度分为对未成年人的监护和对无民事行为能力或限

制民事行为能力的成年人的监护两种情况,设定监护人主要有法定和指定两种形式。

93. 未成年人监护人的设立顺序是什么?

父母是未成年人的法定监护人。如果未成年人的父母死亡或者失去监护能力,则应当按照下列次序确定其中有监护能力的人为该未成年的监护人:祖父母、外祖父母;兄、姐;关系密切的其他亲属、朋友愿意承担监护责任。

在没有前一顺序的监护人或者该顺序的监护人没有监护能力或者对被监护人明显不利的时候,则从后一顺序有监护资格的人中择优确定监护人。监护人可以是一人,也可以是同一顺序中的数人。没有符合上述条件的监护人时,由未成年人的父、母的所在单位或者未成年人住所地的居民委员会、村民委员会或者民政部门担任监护人。

知识链接

法定监护人的设立,依其方式,可以划分为当然设立、协议设立和公权力指定设立。

(1)当然设立,指第一顺序人全体做监护人。

(2)协议设立,可分四种情况:当第一顺序人为二人以上时,经其协议,只由其中一部分人做监护人;经各顺序人协议,由第二顺序人做监护人;经精神病人监护人各顺序人协议,只由第三顺序人或第四顺序人做监护人;经各顺序人协议,由各顺序人共同做监护人。

(3)公权力指定设立,即由主管组织指定监护人的设立方式。其要件为:不能依照当然设立和协议设立程序产生监护人,尤其对于何人担任监护人有争议的情况;须由主管组织指定。关于主管组织,法律规定是未成年人父、母所在单位(当父母不在同一单位时,则有两个有资格指定的机关),或者未成年人住所地的居(村)民委员会。在为精神病人指定监护人时,是精神病人的所在单位,或者住所地的居(村)民委员会。

94. 精神病人监护人的设立顺序是什么?

法律对于近亲属、朋友担任监护人,设有一定顺序。对于未成年人,其祖父母、外祖父母为第一顺序,兄姐为第二顺序,关系密切的其他亲属、朋友为第三顺序。对于精神病人,其配偶为第一顺序,父母为第二顺序,成年子女为第三顺序,其他近亲属为第四顺序,关系密切的其他亲属、朋友为第五顺序。

根据《民法典》的规定:无民事行为能力或者限制民事行为能力的精神病人,按照以下顺序确定监护人:配偶;父母;成年子女;其他近亲属;关系密切的其他亲属、朋友愿意承担监护责任,经精神病人的所在单位或者住所地的居委会、村委会同意的;没有以上监护人的,应由精神病人的所在单位或住所地的居委会、村委会或民政部门担任监护人。

知识链接

由于监护人负有监护职责,对于限制民事行为能力人和无民事行为能力人的权益关系重大,有较多的立法例通常都规定了不得担任监护人的消极资格。不得作为监护人的人主要包括禁治产人和准禁治产人。禁治产人是指因心神丧失或精神耗弱不能处理自己事务,经申请由法院宣告为无民事行为能力或者限制民事行为能力人。准禁治产人是指因心神耗弱、聋、哑、盲、浪费人经申请宣告为限制民事行为能力人。

法定监护人或指定监护人因故暂时无法行使监护权,可将监护职责部分或全部委托他人承担。受委托担任监护人的人为委托监护人。在此情形下,除有特别规定之外,被监护人致人损害的民事责任仍由法定监护人或指定监护人承担,但委托监护人对此确有过错的,应承担连带责任。

95. 监护的类型有哪些?

(1)法定监护。法定监护是由法律直接规定监护人范围和顺序的监护。法定监护人可以由一人或多人担任。未成年人的父母是未成年人的监护人,父母对子女享有亲权,是当然的第一顺位监护人。未成年人的父母死亡,依次由祖父母和外祖父母、兄、姐、关系密切的亲属或朋友、父母单位和未成年人住所地的居委会或村委会、民政部门担任监护人。成年精神病人的法定监护人的范围顺序是:配偶、父母、成年子女、其他近亲属、关系密切的亲属或朋友、精神病人所在单位或住所地的居委会、村委会、民政部门。法定监护人有顺序在前者优先于在后者担任监护人的效力。但法定顺序可以依监护人的协议而改变,前一顺序监护人无监护能力或对监护人明显不利的,人民法院有权从后一顺序中择优确定监护人。

(2)指定监护。指定监护是指有法定监护资格的人之间对监护人有争议时,由监护权利机关指定的监护。从《民法典》的规定看,指定监护实际上是法定监护的延伸,仍属法定监护范畴。指定监护只是在法定监护人有争议时才产生。所谓争议,对于未成年人是其父母以外的监护人范围内的人争抢担任监护人或互相推诿都不愿意担任监护人;对于成年精神病人则监护范围内的人对担任监护争议,争议项如同前述。《民法典》规定的指定监护的权力机关,是被监护人住所地的居委会委员或村委会委员。指定监护可以是口头方式,也可以用书面方式,只要指定监护的通知送达被指定人,指定即成立。被制定人不服指定的,可以在接到制定通知次日起 30 天内向人民法院起诉,由人民法院裁决。指定监护未被制定人提起诉讼时,自收到通知后满 30 天后生效;在提起诉讼时,自法院裁决之日起生效。

(3)委托监护。委托监护是由合同设立的监护人,委托监护属意定监护。委托监护可以是全权委任,也可以是限权委任。前者如父母将子女委托祖父母照料或配偶将精神病人委托精神病院照料;后者如将子女委托给寄宿制学校、幼儿园等。根据相关法律法规的解释,委托监护不论是全权委托或限权委托,委托人仍要对被监护人的侵权行为承担民事责任,但另有约定的除外;被委托人只有在确有过错时,才负担连带赔偿责任。即法定或指定监护人对被监护人应承担的民事责任,不因委托发生移转,被委托监护人只承担过错连带赔偿责任,其在尽到监护之责而无过错时,被监护人之行为如依法律仍须由监护人负责时,则由法定监护人承担。

知识链接

监护具有以下特征:被监护人须为无民事行为能力和限制民事行为能力;监护人须为完全民事行为能力人;监护人的职责是由法律规定的,而不能由当事人约定。

96. 监护人的职责有哪些？

监护人的职责有：

（1）保护被监护人的身体健康和人身安全，防止被监护人受到不法侵害。

（2）照顾被监护人的生活。

（3）对被监护人进行管理和教育。

（4）妥善管理和保护被监护人的财产，对于被监护人财产的经营和处分，应尽善良管理人的注意义务。

（5）代理被监护人进行民事活动。

（6）代理被监护人进行诉讼，以维护其合法权益。

（7）监护人不履行监护职责或者侵害被监护人合法权益的，给被监护人造成财产损失的，应当承担赔偿责任。

知识链接

监护人的行为要有利于被监护人、尊重被监护人。

（1）处分禁止——除非有利于被监护人。监护人应按照最有利于被监护人的原则履行监护职责。监护人除为维护被监护人利益外，不得处分被监护人的财产。

（2）作出利益相关决定——尊重被监护人的真实意愿。未成年人的监护人履行监护职责，在作出与被监护人利益有关的决定时，应根据被监护人的年龄和智力状况，尊重被监护人的真实意愿。

（3）协助——被监护人实施自主行为。成年人的监护人履行监护职责，应最大程度地尊重被监护人的真实意愿，保障并协助被监护人实施与其智力、精神健康状况相适应的民事法律行为。

（4）不干涉——被监护人有能力处理的事务。对被监护人有能力独立处理的事务,监护人不得干涉。

97. 什么条件下可以撤换监护人?

监护人无力承担监护职责时,经其请求由有关单位或者法院更换他人为监护人。

不履行监护职责的监护人,经有关人员或单位申请,由法院撤销该监护人的监护资格,另行确定监护人。

撤销监护人资格须具备以下条件:

（1）性侵害、出卖、遗弃、虐待、暴力伤害未成年人,严重损害未成年人身心健康的。

（2）拒不履行监护职责长达六个月以上,导致未成年人流离失所或者生活无着落的。

（3）有吸毒、赌博、长期酗酒等恶习无法正确履行监护职责或者因服刑等原因无法履行监护职责,且拒绝将监护职责部分或者全部委托给他人,致使未成年人处于困境或者危险状态的。

（4）胁迫、诱骗、利用未成年人乞讨,经公安机关和未成年人救助保护机构等部门三次以上批评教育拒不改正,严重影响未成年人正常生活和学习的。

（5）教唆、利用未成年人实施违法犯罪行为,情节恶劣的。

（6）有其他严重侵害未成年人合法权益行为的。

知识链接

监护终止的原因有以下几种情形：

（1）被监护人获得完全民事行为能力。

（2）监护人或被监护人一方死亡。

（3）监护人丧失了行为能力。

（4）监护人辞去监护。监护人有正当理由时，法律应允许其辞去监护，但这不适用于未成年人的父母。

（5）监护人被撤销监护人资格。

98.监护是不是一种权利?

中国法律不分监护和保佐。《民法典》将"监护"规定在民事主体的"公民"一章中，规定了对未成年人的监护和对精神病人的监护。但是对于监护的性质，中国的学术界历来有不同的观点，存在很大的争议，主要的问题集中在是否应当确认监护是一种权利。这些观点主要有三种：监护权利说、监护义务说、监护职责说。

（1）监护权利说。此观点认为监护是一种权利，把监护称为监护权。认为只有从性质上把监护视为权利，才能使监护人正确、主动地行使权利，并实现监护的目的。对于监护权是一种什么性质的权利，又主要有两种观点：一是肯定其身份权性质；二是否定其身份权性质。

①肯定说。认为监护权产生于身份权，是基于监护人的特定身份才产生的。监护权包括亲属法上的内容，也包括亲属法外的内容，其性质都是身份权。也有学者认为，监护权基本同于亲权，只是惩戒权受到限

制。而对于精神病人的监护权,在财产上同于亲权,在人身上则以身体和健康的照料、治疗与保护为主,同时包括对于侵权行为的救济权,以及居所指定权。因而其性质属于身份权。

②否定说。认为传统的身份权以支配他人的权力为中心,与现代立法及监护制度水火不相容,故中国立法无身份权,监护自然也不是身份权。还有的学者认为,在被监护人没有法律规定的相关的亲属时,可以由其他公民、组织担任监护人,所以一概将监护归于身份权,有失全面。

(2)监护义务说。此种观点认为监护并未赋予监护人任何利益,而只课以沉重的负担,因此就事理之性质而言,监护是法律课加给监护人的片面义务。有的学者认为,监护人的职责就是监护人的各种义务与责任。这些义务与责任归结起来就是监护人对上负有基于保障社会安定的需要而承担的义务,对下基于保护被监护人的合法权益需要而承担义务,因此,监护的性质归根结底只能落到义务上。还有的学者认为,为了更好地保护被监护人的利益,法律对于监护人义务的规定必然多于权利的规定,在相当程度上甚至只有义务的规定而无实质性的权利规定。所以,监护应当是一种义务而不是权利。

(3)监护职责说。监护的内容在于保护被监护人的身体和财产,而不是对人的支配的权利。我国设立监护制度纯粹是为保护被监护人的利益,决不允许监护人借监护人身份以谋取自身利益,所以,监护是一种社会公益性质的公职。有的学者认为,监护是一种职责,是权利与义务的有机统一。监护人既享有职权(权利),又负有责任(义务)。任何人不能根据自己的意志和利益而推卸或不适当地履行这种责任。

知识链接

现代监护制度起源于罗马法的监护和保佐制度。罗马法时期的监护权是家父权的延伸,其目的主要在于保护家族财产,免得被监护人和被保佐人挥霍浪费自己的财产,或者其财产被他人侵吞,侵害被监护人和被保佐人的法定继承人的利益。监护人的行为是通过行使一定的职权来进行的。可以说,监护制度在其产生之时,的确是监护人享有的一种权利。但是,监护发展到今天,其意义已经不在于保护家族的财产,而是被监护人个人利益的维护。而监护究竟是作为一种权利还是义务,或者是否具有其他的性质,又直接关系到一国立法中监护的具体内容,影响到监护人和被监护人之间利益的平衡。所以说,确定监护的性质具有非常重要的意义。

99. 如何调解监护纠纷?

(1)保护被监护人的合法利益。被监护人是未成年人或者精神病人,他们对于周围环境、人情世故、事态发展以及潜在的危险等往往缺乏或者没有足够的识别、判断能力,不能很好地保护自己的人身、财产安全,所以需要监护人行使监护职责来保护他们的利益。而监护制度的设立就是为了保护被监护人的合法权益,因此一切监护纠纷的解决必须以保护被监护人的合法利益为原则。

(2)符合监护条件的人员协商解决。要妥善解决监护纠纷,关键在于符合监护条件的人员能否协商解决监护问题。在多人争做监护人时,应该充分考虑被监护人的合法利益,选择最有利于被监护人的人做监护人,也可以经协商由多人共同监护。这里要特别强调的是,父母是未成年人的当然法定监护人,只要未成年人的父母在世且有监护能力,其他任何人都无权与未成年人的父母争议监护人资格。在无人愿意做监护人时,应该对符合监护条件的人员进行劝解、开导、教育,使其愿意承担自己的职责。另外,因为每个人的条件不同,生活也不是一成不变的,监护问题有时难免会发生变化,这就需要符合监护条件的人员本着有利于被监护人、方便大家的原则进行沟通,协商解决问题。通过协商,可以更好地确定、变更监护人,更好地保护被监护人的合法利益。

（3）根据被监护人的年龄层次、精神状况,适当考虑被监护人的意见。对于无民事行为能力的被监护人,在监护问题上一般不考虑他们的意见。如果被监护人具有限制民事行为能力,对事物有一定的认知、判断能力,则应适当地考虑他们的意见。

知识链接

监护纠纷主要有以下几种情形:

（1）确定监护人纠纷,分两种情况:一是多人争当监护人;二是没有人愿意做监护人。

（2）监护人变更纠纷。

（3）监护人没有履行监护职责或者履行职责不当所引起的纠纷。

100. 夫妻离婚后监护权纠纷如何解决?

夫妻离婚后,与子女共同生活的一方无权取消对方对该子女的监护权,但是,未与该子女共同生活的一方,对该子女有犯罪行为、虐待行为或者对该子女明显不利的,人民法院认为可以取消的除外。

夫妻离婚后,孩子监护权的变更有三种情况:一是现有的监护人丧失了监护能力;二是监护人不履行监护权,即监护人有能力但不履行监护的职责;三是由于失去监护人。

　　监护人不履行监护职责,或者侵害了被监护人的合法权益,其他有监护资格的人或者单位向人民法院起诉,要求监护人承担民事责任的,按照普通程序审理;要求变更监护关系的,按照特别程序审理;既要求承担民事责任,又要求变更监护关系的,分别审理。

　　监护人被指定后,不得自行变更。擅自变更的,由原被指定的监护人和变更后的监护人承担监护责任。

　　夫妻离婚后,与子女共同生活的一方无权取消对方对该子女的监护权。故法院在判决或调解离婚时,只确定子女随哪一方生活,并不剥夺另一方对子女的监护权,也不取消其对子女的监护义务。

知识链接

　　对孩子监护权的归属,是以未成年孩子的最佳利益做考虑,不能想当然判给父亲或者母亲。法官在衡量未成年孩子监护权归属,主要是根据孩子的年龄、性别、健康情况、孩子意愿与人格发展需要,以及父母的年龄、品行、经济能力、职业、父母保护教养孩子的意愿及态度、对孩子的教养计划、与孩子的互动与感情状况等种种因素,作为判断孩子监护权的依据。当然如果父母都不适合行使监护权,也有可能判给第三人来监护。

　　同时,在法律上,父母亲的经济条件并不是评断监护权适当与否的唯一标准,真正能对孩子负起照顾责任的一方才会获得监护权,不过父母还是要有最低的经济能力,足以让孩子维持温饱,才能负起监护责任。所以,离婚后孩子监护权怎么争取?这实际上还是要归结到孩子身上来,就是说,谁拿出足够的证据证明自己比对方更能使孩子健康成长,谁就最有可能获得孩子的监护权。

101. 什么是收养?

收养,就是依照法律规定和相关程序,领养他人的子女作为自己子女。收养行为使本来没有血缘上父母子女关系的人们之间产生法律意义上的父母子女关系。收养关系成立后,养父母与养子女之间形成养父母子女关系,养子女与养父母的近亲属之间也产生亲属关系。同时,养子女与生父母的权利义务关系消灭,双方不再具有抚养教育、赡养扶助及相互继承的权利和义务,养子女与生父母的近亲属也不再具有亲属关系。

知识链接

收养是一种民事法律行为。养父母和养子女的关系和亲生父母子女间的关系基本相同。收养是一种拟制血亲关系的行为,可以依法成立,也可以依法解除。寄养是指父母因特殊原因不能直接履行对子女的抚养义务,把子女寄托在他人家中生活的一种委托代养行为。寄养不发生父母子女关系的变更。

102. 一般收养关系成立的条件有哪些?

(1)被收养人的条件

不满 14 周岁的未成年人符合以下情形之一的,可以被收养:丧失父母的孤儿;查找不到生父母的弃婴和儿童;生父母有特殊困难无力抚养的子女。

（2）送养人的条件

送养人必须是法律认可的特定公民或社会福利机构。送养人包括：

①孤儿的监护人，孤儿的监护人送养未成年孤儿的，必须事先征得对其有抚养义务的人的同意。有抚养义务的人不同意送养，监护人不愿意继续履行监护职责的，应当依照相关法律的规定变更监护人。

②社会福利机构，收养人自愿收养社会福利机构养育的弃婴和儿童的，由社会福利机构作为送养人。

③有特殊困难无力抚养子女的生父母，生父母应履行抚养教育子女的义务，除确有特殊困难无力抚养子女的情况外，不得随意送养子女。有特殊困难无力抚养子女的生父母，必须双方共同送养。如果生父母一方下落不明或查找不到的，可以单方送养。配偶一方死亡，另一方送养未成年子女的，死亡一方的父母有优先抚养的权利。未成年人的父母均不具备完全民事行为能力的，该未成年人的监护人不得将其送养，但父母对该未成年人有严重危害可能的除外。

（3）收养人的条件

收养人应当同时具备下列条件：无子女或只有一名子女；有抚养教育被收养人的能力；未患有在医学上认为不应当收养子女的疾病；年满30周岁；只能收养一名子女。

有关收养人的特殊要求：第一，基于伦理道德的考虑，规定无配偶的男性收养女性的，收养人与被收养人的年龄应当相差40周岁以上。第二，为有利于作为收养人的夫妻关系和家庭和睦，规定有配偶者收养子女须夫妻共同收养。

知 识 链 接

收养人条件的证明包括：

（1）收养人的收养申请。

（2）收养人所在街道居委会或村委会的证明,证明是当地居民,有收养需求。

（3）收养人的体检报告,证明身体健康,有条件抚养孩子;收养人的身份证和户口簿。

（4）收养人所在地派出所的证明,证明收养人无犯罪记录。

（5）如果收养福利院的孩子,需要给福利院交一定的孩子抚养费。

103. 办理收养登记的程序有哪些?

办理收养登记是收养关系成立的必经程序,收养关系自登记之日起成立。

收养关系当事人愿意订立收养协议的,可以订立收养协议。收养关系当事人各方或者一方要求办理收养公证的,应当办理收养公证。收养协议和收养公证并不是收养成立的必经程序,是否签订收养协议和进行收养公证取决于当事人意愿。具体程序如下:

（1）申请。办理收养登记时,当事人必须亲自到场。同时,收养人应当向收养登记机关提交收养申请书。申请办理收养登记时,根据收养人和被收养人的不同情况,收养人应当提交不同的证件和证明材料。

（2）审查。收养登记机关接受收养申请后,应当依法对收养申请进行严格审查。除审查申请人证件是否齐全有效之外,审查的主要内容还包括:收养人、被收养人、送养人是否符合法律规定的条件,收养的目的是否正当,当事人成立收养关系的意思表示是否真实。

（3）登记。经过审查，收养登记机关对申请人证件齐全有效、符合规定的收养条件的，应为其办理收养登记，发给其收养登记证。收养关系自发证之日起正式成立。

知识链接

收养的具体手续：

（1）收养社会弃婴，需要准备：无子女证明；收养人情况证明；户口本、身份证、结婚证复印件；捡拾弃婴报案证明（公安部门）及捡拾人证明和身份证；收养人健康证明（市职业病院）；收养人、被收养人1寸照片各一张，三人2寸合影照片一张；填写收养登记《申请书》。

（2）收养丧失父母的孤儿，需要准备：父母死亡证明；收养人情况证明；户口本、身份证、结婚证复印件；收养人健康征明（市职业病院）；收养人、被收养人1寸照片各一张，三人2寸合影照片一张；填写收养登记《申请书》。

（3）收养社会福利机构抚养的弃婴和儿童，需要准备：社会福利机构监护报告；法定代表人同意送养意见；法定代表人户口本、身份证；社会福利机构同意送养登记表；收养人情况证明；户口本、身份证、结婚证复印件；收养人健康证明（市职业病院）；收养人、被收养人1寸照片各一张，三人2寸合影照片一张；填写收养登记《申请书》。

（4）生父母有特殊困难无力抚养的子女，需要准备：特困证明；收养协议书；生父母同意送养意见书；一方死亡需提供死亡证明；无子女证明；收养人情况证明；户口本、身份证、结婚证复印件；收养人健康证明（市职业病院）；收养人、被收养人1寸照片各一张，三人2寸合影照片一张；填写收养登记《申请书》。

（5）收养三代以内旁系血亲的子女，需要准备：亲属关系证明；收养协议书；生父母同意送养意见；无子女证明；收养人情况证明；户口本、身份证、结婚证复印件;收养人健康证明(市职业病院);收养人、被收养人1寸照片各一张,三人2寸合影照片一张;填写收养登记《申请书》。

(6)收养残疾儿童,需要准备:残疾儿童病情签定(残联标准);收养人情况证明;户口本、身份证、结婚证复印件;收养人健康证明(市职业病院);收养人、被收养人1寸照片各一张,三人2寸合影照片一张;填写收养登记《申请书》。

(7)收养父母无完全民事行为能力的子女,需要准备:未成年人的须有抚养义务人和监护人同意送养协议;由法院出具的生父母无完全民事行为能力证明;村、居委会、生父母单位、民政部门有抚养义务的监护人证明;无子女证明;收养人情况证明;户口本、身份证、结婚证复印件;收养人健康证明(市职业病院);收养人、被收养人1寸照片各一张,三人2寸合影照片一张;填写收养登记《申请书》。

(8)华侨、港、澳、台居民办理:须出具国外居住证明。护照、港澳台居民身份证、回乡证(旅游证);港澳台地区有权机构出具的收养人年龄、婚姻、有关子女、职业、财产、健康、有无受过刑事处罚证明;华侨应经其居住国外交机关授权的机构认证并经中国驻该国使领馆认证。

104. 收养成立后有哪些法律效力?

(1)收养的拟制效力。收养的拟制效力是指收养关系的成立导致收养人与被收养人之间产生父母子女之间的权利义务关系,以及被收养人与收养人的近亲属间产生相应的亲属关系等法律后果。收养的拟制效力包括:

①对养父母与养子女的拟制效力。收养关系一经成立,便在收养人与被收养人之间确立起养父母和养子女的身份关系,他们彼此之间产生与自然血亲的父母子女关系相同的法定权利义务。养父母与养子女间的权利义务关系适用法律关于父母子女关系的规定。

②对养子女与养父母近亲属的拟制效力。收养关系成立后,养子女与养父母的近亲属之间的权利义务关系适用法律关于子女与父母的近亲属的规定。

(2)收养的解消效力。收养的解消效力是指收养关系的成立导致养子女与生父母之间的权利义务关系消除,以及养子女与生父母的近亲属间的权利义务关系也消除等法律后果。收养的解消效力包括:

①对养子女与生父母的解消效力。收养关系成立后,养子女与生父母之间彼此不再是法律意义上的父母与子女,他们原有的权利和义务终止。但是,收养关系的成立并不能改变养子女与生父母之间的自然血亲关系,故《民法典》中关于直系血亲间禁止结婚的限制性规定仍适用于养子女与其生父母。

②对养子女与生父母近亲属的解消效力。养子女与生父母的其他近亲属之间的权利和义务,因收养关系的成立而不复存在。但收养关系的成立并不能改变彼此的自然血亲关系,被收养人与其生父母的近亲属之间仍受《民法典》中关于直系血亲和三代以内旁系血亲禁止结婚的限制。

知识链接

收养关系成立后收养人和被收养人都有继承权,在没有遗嘱的情况下所有第一顺序继承人应到房屋所在地的公证处办理继承公证,然后带着公证书到所在的房管局办理过户。有遗嘱但立遗嘱人生前并未办理遗嘱公证的应到法院办理。有遗嘱公证书的遗嘱继承人可带着遗嘱公证书和被继承人的死亡证明到所在地的房管局直接办理过户。至于遗产的分配可由继承人协商解决,达不成一致的也可请求法院的支持。

105. 什么是事实收养?

事实收养是指双方以父母子女关系相待,共同生活多年,亲友、群众也认为其为父母子女,但未办理合法收养手续的收养。事实收养有以下特征:

(1)当事人之间须以父母子女相待。是否以父母子女相待,是构成事实收养的重要条件。所谓以父母子女相待,是指当事人之间相互使用父母子女的称谓,履行了父母子女间的权利义务,且收养文书、户口簿以及人事档案能够证明当事人之间已经形成了父母子女关系。

(2)须有共同生活多年的事实,共同生活多年是确认事实收养存在的一个客观标志。这里的"多年"一般应在 3 年以上。

(3)须有群众和亲友公认。群众和亲友对当事人之间关系是否持一致看法,对确定事实收养关系存在与否具有很重要的证据作用。

事实收养的形成一般是由下列原因造成的:第一,传统观念的影响,中国古代一直沿用的立嗣行为,是一种无须经官府确认,仅以"私证"即可成立的收养行为,此行为成了人们的习惯;第二,长期缺乏健全的收养法规,在很长时间里,一直没有一个系统、完整的收养法规,公民在成立收养时,由于无法可依,在客观上造成了事实收养的存在;第三,当事人的法制观念不强以及普法宣传工作欠缺,是形成事实收养的重要原因。

知识链接

鉴于我国的具体情况,对于收养法规和政策颁行之前的事实收养行为,由于收养成立时无法可依,故不是违法;对于收养法规颁行后的事实收养,应按照违法收养对待。

对社会生活中已经存在的事实收养,应采取不同的对策:

(1)对相关法律颁行前形成的事实收养,凡不违背收养的基本原则和社会公德的,应予以承认;当事人要求补办法定手续的,应予补办。

(2)因不符合收养条件,登记机关不予办理,当事人自行收养的,不予承认。对于现在已经符合收养条件的,可以补办登记手续后承认其效力。

106. 收养协议解除有哪些条件?

养子女成年以前,一般不得解除收养关系,但收养人、送养人双方协议解除的除外。养子女成年后,养父母与成年养子女关系恶化、无法共同生活的,可以协议解除。协议解除的条件如下:

(1)双方当事人达成解除收养关系的合意。养子女未成年的,协议解除收养须得收养人、送养人同意。养子女年满10周岁以上的,应当征得本人同意。养子女成年后,协议解除收养须得收养人、被收养人同意。

(2)双方当事人必须具有完全民事行为能力。当事人只有具有完全民事行为能力,才能作出真实有效的意思表示。如果当事人一方或双方属于无民事行为能力人或限制民事行为能力人,只能通过法律诉讼程序解除收养,不得通过协议形式解除。

知识链接

收养协议解除的程序:

（1）申请。当事人协议解除收养关系的,应当到民政部门办理解除收养关系的登记。办理解除收养登记时,应当持户口簿、居民身份证、收养登记证和解除收养关系的书面协议。

（2）审查。收养登记机关收到解除收养关系登记申请及有关材料后,应当根据有关法律法规的规定进行审查。

（3）登记。收养登记机关经过审查,对符合规定的解除条件的,准予其解除,为当事人办理解除收养关系的登记,收回收养登记证,发给解除收养关系证明。

107. 收养诉讼解除有哪些条件?

（1）养子女未成年的解除。收养人不履行抚养义务,有虐待、遗弃等侵害未成年养子女合法权益行为的,送养人要求解除收养人与被收养人的收养关系,当送养人与收养人不能达成解除收养关系协议时,送养人可以向人民法院提起诉讼。

（2）养子女已成年的解除。养父母与成年养子女关系恶化,无法共同生活的,养父母与成年养子女不能达成解除收养关系协议的,双方均可向人民法院起诉解除收养关系。

知识链接

收养诉讼解除的程序:人民法院审理解除收养关系的案件应当进行调解。调解无效的,依法判决准予解除或不准解除。

108. 收养无效的原因是什么?

(1)收养主体不合格:①收养人不合格。有子女的、未满 30 周岁者收养子女的、无配偶的男性收养女性者年龄差不够 40 周岁的、患有医学上认为不应当收养子女的疾病的人、不具备抚养教育被收养人的能力的人,都属于收养人不合格。②被收养人不合格。被收养人不合格,是指被收养的人已满 14 周岁、不属于孤儿或查找不到生父母的弃婴、弃童或生父母有特殊困难无力抚养的子女。

(2)因自愿性有瑕疵而导致收养无效。因自愿性有瑕疵而导致收养无效,是指未经被收养人的生父母双方同意送养的(一方下落不明或查找不到的除外);未经夫妻双方同意收养的;未经 10 周岁以上的被收养人同意的;配偶一方死亡,另一方送养子女未经死亡一方父母同意的;孤儿的监护人送养未经孤儿的其他有抚养义务人同意的。由于上述情况违反了相关法律法规关于收养成立的有效条件,因而导致收养无效。

(3)因合法性不具备而导致收养无效。我国相关法律法规规定,收养人收养两名以上子女的、借收养名义买卖儿童的、为了再生育子女而送养子女的行为等,都属于违法行为,法律不赋予其效力。另外,收养关系也因当事人未办理登记手续而导致收养无效。依据相关法律法规规定,未经登记或欠缺有效条件的,收养行为无效。

(4)收养无效的确认。收养无效的确认,可依诉讼程序,也可依行政程序。依诉讼程序确认收养无效的,由人民法院予以确认。当事人或利害关系人可以到人民法院提起确认之诉,人民法院也可以主动确认收养无效。依行政程序确认收养无效,是由收养登记机关发现当事人在登记时弄虚作假,骗取收养登记的,依法宣布该项收养登记无效。无论是依行政程序认定的,还是依诉讼程序确认的,收养登记机关都要撤销登记,收缴收养登记证。一经确认收养无效,收养行为从行为开始时就没有法律效力。

知识链接

在收养行为中,所谓意思表示真实,就是收养行为必须出于当事人的自愿、反映当事人的真实意思。如果收养关系的当事人并没有真正通过收养建立父母子女关系的内在意思,而是试图通过收养达到其他不法目的;或者通过收养来规避计划生育政策和法律法规;或者当事人表示出来的收养的意思不是出于当事人的自愿,而是被欺诈、胁迫的结果等。只要有这些情形,就说明当事人从事收养的民事行为的意思表示是不真实的,由此而形成的收养关系不具备法律效力。

109.收养解除后有哪些法律效力?

(1)对养子女与养父母及其他近亲属的法律后果:①养子女与养父母关系终止。收养关系解除后,养子女与养父母之间的关系即行消除,彼此不再存在父母子女之间的权利义务。②养子女与养父母的近亲属关系终止。养子女与养父母的其他近亲属间的权利义务关系随收养关系解除而消除。

(2)对养子女与生父母及其他近亲属的法律后果:①未成年养子女与生父母及其他近亲属的权利义务关系自行恢复。收养关系解除后,未成年的养子女与生父母及其他近亲属的权利义务关系自行恢复。②成年养子女与生父母是否恢复权利义务关系由双方协商确定。成年养子女与生父母及其他近亲属的权利义务关系是否恢复,可以由成年养子女与生父母协商确定。

(3)成年养子女对养父母给付生活费和经济补偿。收养关系解除后,经养父母抚养的成年养子女,对缺乏劳动能力又缺乏生活来源的养父母,应当给付生活费。因养子女成年后虐待、遗弃养父母而解除收养关系的,养父母可以要求养子女补偿收养期间支出的生活费和教育费。

(4)生父母对养父母的经济补偿。收养关系解除后,养子女尚未成年,如果是生父母要求解除收养关系的,养父母可以要求生父母适当补偿收养期间支出的生活费和教育费,但因养父母虐待、遗弃养子女而解除收养关系的除外。

知识链接

收养关系解除后共有财产分割的规定:

(1)不动产或者动产可以由两个以上单位、个人共有。共有包括按份共有和共同共有。按份共有人对共有的不动产或者动产按照其份额享有所有权。

(2)共同共有人对共有的不动产或者动产共同享有所有权。共有人按照约定管理共有的不动产或者动产;没有约定或者约定不明确的,各共有人都有管理的权利和义务。

(3)处分共有的不动产或者动产以及对共有的不动产或者动产做重大修缮的,应当经占份额三分之二以上的按份共有人或者全体共同共有人同意,但共有人之间另有约定的除外。

(4)对共有物的管理费用以及其他负担,有约定的,按照约定;没有约定或者约定不明确的,按份共有人按照其份额负担,共同共有人共同负担。

（5）共有人约定不得分割共有的不动产或者动产，以维持共有关系的，应当按照约定，但共有人有重大理由需要分割的，可以请求分割；没有约定或者约定不明确的，按份共有人可以随时请求分割，共同共有人在共有的基础丧失或者有重大理由需要分割时可以请求分割。因分割对其他共有人造成损害的，应当给予赔偿。

（6）共有人可以协商确定分割方式。达不成协议，共有的不动产或者动产可以分割并且不会因分割减损价值的，应当对实物予以分割；难以分割或者因分割会减损价值的，应当对折价或者拍卖、变卖取得的价款予以分割。

共有人分割所得的不动产或者动产有瑕疵的，其他共有人应当分担损失。

110. 如何调解收养纠纷？

收养制度是家庭制度的重要组成部分。在社会主义制度下，实行收养制度对当事人和社会都是有利的。一方面，可以使某些父母已经死亡的孤儿以及出于种种原因不能随父母共同生活的儿童，在养父母的抚育下健康成长。另一方面，可以满足无子女者的合理要求，使其通过收养子女在感情上得到慰藉，在年老时有所依靠。因此，应当更好地发挥收养制度的重要作用，积极调解处理收养纷争，维护良好的收养关系，促进社会和谐稳定。收养纠纷的调解处理原则和方法主要有：

（1）当事人地位平等。在收养问题上，当事人的法律地位是完全平等的。收养是一种变更和创设亲属关系的行为，必须在平等的基础上进行,一方不得对另一方加以强迫,否则就是对公民人身权的侵害。因此在调解收养纠纷时,要让双方当事人明确在不平等基础上强行建立收养关系,不符合收养关系当事人的利益,不利于收养关系的稳定。

(2)双方自愿和协商一致。收养当事人在平等的基础上,必须遵循自愿和协商一致的原则。当事人在收养问题上往往有浓厚的感情因素。生父母愿意将子女送养,收养人有收养子女的愿望,收养才能成立。所以,当事人意思表示一致是收养得以成立的前提,对建立稳定的收养关系有着重要的作用。

(3)保护儿童和老人合法权益。保护儿童和老人的合法权益是我国《民法典》的一项基本原则,同样适用我国收养制度。调解收养纠纷时,首先必须考虑是否符合子女利益,因为收养使儿童的生活发生了重要的变化,直接关系儿童的健康成长和合法权益。如收养关系成立后,在被收养人成年前,收养人不得随意解除收养关系。其次要考虑是否符合老人的合法权益。如收养关系解除后,成年养子女对抚养其成年的养父母的赡养义务,并不因收养关系的解除而解除。如果成年养子女对养父母有虐待、遗弃行为,养子女还应补偿生活费和教育费。

(4)不得违反法律、政策和社会主义道德。收养子女既关系着当事人的权益,也关系着社会的利益。因此,成立收养关系必须符合国家的有关法律、政策和社会主义道德。例如,当事人不得有诈骗行为,不得违反户籍管理的规定,不得借收养为名从事违法活动等。

知识链接

收养作为一种特殊的婚姻家庭制度,一直受到许多国家的高度重视。在实践中,收养存在主体关系构建性和行为模式风险性两大特征,因而相关的制度对此作出了特殊规定。

所谓主体关系构建性,是指收养所建立的人身关系并非基于先天的血缘,而是经由行为人主观的选择,具有人为的拟制性和构建性。行为模式风险性是指在收养人和被收养人的日常相处模式上,一方面,基于收养关系形成了相对支配和比较优势关系,但这种支配关系和优势地位又由于是后天建构而缺乏血缘伦理的制约。所以,在收养关系中,很容易存在收养人对被收养人利益的侵害风险。再者,这种特殊风险由于双方相处空间的长期重合性、封闭性,以致被收养人极为容易面临现实化的危险,而且这种风险一旦现实化,由于侵害事实的证明困难,也就很难通过事后的救济进行保护。因此,许多国家均在立法上通过对收养人的条件、资格进行严格的事前审查,以避免儿童利益受损风险的现实化和事后的救济困难。

第六章　赡养与家暴问题

111．什么是赡养？

赡养，指子女或晚辈对父母或长辈在物质上和生活上的帮助。包括两种情况：

（1）子女对父母赡养

《宪法》规定，成年子女有赡养扶助父母的义务。《民法典》也规定：子女对父母有赡养扶助的义务，子女不履行赡养义务时，无劳动能力或生活困难的父母，有要求子女付给赡养费的权利。

赡养扶助的主要内容是指在现有经济和社会条件下，子女在经济上应为父母提供必要的生活用品和费用，在生活上、精神上、感情上对父母应尊敬、关心和照顾。

有经济负担能力的成年子女，不分男女、已婚未婚，在父母需要赡养时，都应依法尽力履行这一义务直至父母死亡。

子女对父母的赡养义务，不仅发生在婚生子女与父母间，还发生在非婚生子女与生父母间，养子女与养父母间和继子女与履行了扶养教育义务的继父母之间。

为保障受赡养人的合法权益，《民法典》规定：子女不履行赡养义务时，无劳动能力的或生活困难的父母，有要求子女付给赡养费的权利。对拒不履行者，可以通过诉讼解决，情节恶劣构成犯罪者，依法追究其刑事责任。

（2）晚辈对长辈赡养

《民法典》规定：有负担能力的孙子女、外孙子女，对于子女已经死亡的祖父母、外祖父母，有赡养义务。

这种赡养是有条件的，即须孙子女、外孙子女有负担能力，且祖父母、外祖父母的子女已经死亡。

知识链接

我国相关法律法规规定，老年人养老以居家为基础，家庭成员应当尊重、关心和照料老年人。赡养人应当履行对老年人经济上供养、生活上照料和精神上慰藉的义务，照顾老年人的特殊需要。其中赡养人是指老年人的子女以及其他依法负有赡养义务的人；赡养人的配偶应当协助赡养人履行赡养义务。赡养人的赡养义务是一项法定责任，赡养人不得以放弃继承权或者其他理由拒绝履行赡养义务。倘若赡养人不履行赡养义务，老年人有要求赡养人付给赡养费的权利。

112.赡养包括哪些内容？

（1）护理与照料：赡养人应当使患病的老年人及时得到治疗和护理；对经济困难的老年人，应当提供医疗费用。对生活不能自理的老年人，赡养人应当承担照料责任；不能亲自照料的，可以按照老年人的意愿委托他人或者养老机构等照料。

（2）住房：赡养人应当妥善安排老年人的住房，不得强迫老年人居住或者迁居条件低劣的房屋。老年人自有的或者承租的住房，子女或者其他亲属不得侵占,不得擅自改变产权关系或者租赁关系。老年人自有的住房,赡养人有维修的义务。

(3)承包地:赡养人有义务耕种或者委托他人耕种老年人承包的田地,照管或者委托他人照管老年人的林木和牲畜等,收益归老年人所有。

(4)精神慰藉:家庭成员应当关心老年人的精神需求,不得忽视、冷落老年人。与老年人分开居住的家庭成员,应当经常看望或者问候老年人。用人单位应当按照国家有关规定保障赡养人探亲休假的权利。

知 识 链 接

干涉老年人婚姻自由,对老年人负有赡养义务、扶养义务而拒绝赡养、扶养,虐待老年人或者对老年人实施家庭暴力的,由有关单位给予批评教育;构成违反治安管理行为的,依法给予治安管理处罚;构成犯罪的,依法追究刑事责任。

家庭成员盗窃、诈骗、抢夺、侵占、勒索、故意损毁老年人财物,构成违反治安管理行为的,依法给予治安管理处罚;构成犯罪的,依法追究刑事责任。

侮辱、诽谤老年人,构成违反治安管理行为的,依法给予治安管理处罚;构成犯罪的,依法追究刑事责任。

113.赡养费的标准是什么?

根据《民法典》规定:父母对子女有抚养教育的义务,子女对父母有赡养扶助的义务。构成上述关系的赡养、抚养义务人,应依法承担赡养或抚养责任,若被赡养人或抚养人家庭人均月收入低于最低生活保障线

时,赡养或抚养义务人应承担的赡养或抚养费按以下方法计算:

计算子女家庭的人均月收入。子女人均月收入低于最低生活保障线时,视为该子女无力向父母提供赡养费。子女家庭人均月收入高于最低生活保障线时,超出部分,两个子女以内的按 50% 计算赡养费,三个子女以上的按 40% 计算赡养费。应付的赡养费除以被赡养人数得出付给每个被赡养人的赡养费。

人民法院认定赡养费的标准包括:当地的经济水平、被赡养人的实际需求、赡养人的经济能力。

赡养费的给付内容包括:老年人基本赡养费;老年人的生病治疗费用;生活不能自理老人的护理费用;老年人的住房费用;必要的精神消费支出;必要的保险金费用。

知识链接

根据法律规定,在具体判定赡养费的数额的时候,人民法院要根据赡养人具体的经济收入情况、当地的实际生活质量水平以及老人的实际身体等各方面的情况来确定。

相对来说,农村跟城市相比,在整体的经济发展水平、消费方式等方面的区别还是很大的。一般来说,在农村生活的老人,生活、交通各方面成本比城市肯定要低。所以法律上规定,对于农村的老年人,在计算赡养费的时候,一般是以当地统计部门发布出来的上年度当地农民年人均生活费用的数据为基础。

父母的老去是无法避免的,作为子女,每个人都要尽心尽力去赡养照顾父母,这不管在道德上还是法律上都是应尽的义务。

114. 赡养费应该怎么给付?

（1）被赡养人单独居住的,赡养人每月给付被赡养人赡养费。

（2）赡养人应以现金方式支付赡养费,赡养人应填好相应凭证,赡养人应对支付赡养费或共同分担的费用承担举证责任。

（3）赡养费或共同承担的费用,由赡养人承担。如被赡养人有退休工资或其他收入的,赡养费或共同承担的费用从被赡养人的退休工资或其他收入中优先支取,具体由当期赡养人、同住赡养人或预定的监护人、被赡养人委托的人负责支取。被赡养人有医疗保险的,从医疗保险或医疗保险卡中支取,医疗保险不能报销的或被赡养人无力支付的医疗、护理等费用,由赡养人共同承担。被赡养人同意从存款或其他财产中支取的,在保留丧葬费用的前提下,赡养人可以从中支取,不足部分,赡养人共同承担。

（4）赡养协议的内容,根据实际情况和当地经济社会发展状况进行调整;赡养人单独居住的,赡养费标准按照当地物价上涨幅度每二年浮动一次,并不低于当期赡养人家庭成员生活标准或当地最低生活标准（以两者高者为标准）。

知识链接

属于全体赡养人共同分摊的费用,具体包括以下内容:

（1）被赡养人的衣、食、住、行、医疗等费用。

（2）被赡养人单独生活发生的水、电、煤等生活费用。

（3）被赡养人生日宴会费用。

（4）丧葬费用等。

115. 不履行赡养义务有哪些法律后果?

子女不履行赡养义务时,无劳动能力的或生活困难的父母,有要求子女付给赡养费的权利。父母可以直接要求子女给付赡养费,也可以请求居民委员会、村民委员会以及所在单位调解,说服子女给付。子女不履行赡养义务时,无劳动能力的或生活困难的父母可以通过诉讼程序提出请求,人民法院应当根据父母的实际需要和子女的经济负担能力,通过调解或判决方式,确定赡养费数额和给付办法。

对于被赡养人有生活来源,但因丧失劳动能力、生活不能自理而需要劳务扶助,起诉至人民法院的,法院也应当受理,从而促使义务人全面履行义务。义务人有能力赡养而拒绝赡养,构成遗弃,情节恶劣的,应依法追究其刑事责任。

赡养义务的内容是给付生活费。这是后赡养义务区别于赡养义务的实质特征。正常情况下,一般子女对父母的赡养义务既包括物质赡养即给付生活费,又包括精神赡养,而后赡养义务由于发生在收养关系解除之后,养父母与养子女的关系不复存在的情况下,因此,以解决温饱即生存问题为目的的物质赡养——给付生活费,成为后赡养义务的显著特征。

相关法律法规规定,赡养人应当履行对老年人经济上供养、生活上照料和精神上慰藉的义务,照顾老年人的特殊需要。所以完整的赡养义务包括物质供养,精神慰藉,生活照料方面:

(1)经济上供养。有扶养能力的成年子女在父母无经济收入或者经济收入不足以维持当地最低生活需要时,要为老年人提供必需的赡养费用。如果子女和父母共同居住,子女应当为父母提供衣、食、住、行方面的必要条件;对于不能或不愿与父母共同生活的子女,应当为父母提供必要的赡养费用。

(2)生活上照料,指在生活上帮助年迈体衰的父母。《民法典》规定,子女对父母有赡养扶助的义务,子女不履行赡养义务时,无劳动能力的或生活困难的父母,有要求子女给付赡养费的权利。这明确了子女应当履行对父母的赡养义务,也明确了父母要求子女给付赡养费的两个条件:一个是年老体弱、无劳动能力,另一个是生活困难。不符合上述两个条件之一的父母,无权要求子女给付赡养费。

知识链接

违反赡养义务的须承担侵权民事责任。侵权民事责任的一般构成要件分为客观要件和主观要件。

客观要件:

(1)有侵权损害事实。赡养人违反赡养义务会造成被赡养人无饭可吃、无房可住、无衣可穿,流落街头与他乡。

(2)加害行为的违法性。《民法典》《老年人权益保障法》都明确规定赡养人的义务。其违法表现为不作为,即应该承担赡养义务而不去承担,加害行为的违法性是显而易见的。

(3)违法行为与损害结果之间有因果关系。赡养人不作为的违法行为直接引起被赡养人生活处于困境,生命垂危甚至死亡。

主观要件:

(1)须有行为能力。赡养人有行为能力并且有可靠的经济来源,能够承担赡养义务。确有困难不能履行义务的可依法免除义务。

(2)行为人主观上有过错。养老育幼是社会发展的需要,也是法律明确规定的义务。当赡养人不履行义务时须承担民事责任。违反赡养义务造成赡养人权利受侵害,被赡养人可依法请求人民法院判决义务人承担民事责任,即承担必要的赡养费义务。

116. 赡养有哪些基本原则?

(1)赡养人不分男女都有赡养被赡养人的义务,各赡养人应积极履行对被赡养人经济供养、生活照料和精神慰藉的义务。赡养人应尊重被赡养人的生活习惯、宗教信仰、隐私,禁止侮辱、诽谤、殴打、虐待和遗弃被赡养人。赡养人的配偶应当协助赡养人履行赡养义务,赡养人家庭成员应尊重、照顾被赡养人。被赡养人所需的各项赡养费用和物资由赡养人根据各自的经济状况协商负担。

(2)被赡养人在身体健康、经济条件允许的情况下,按照自愿、量力的原则,给赡养人及家庭以帮助,酌情减轻赡养人的负担。被赡养人在力所能及的情况下可以给予赡养人一定的帮助,但赡养人不得要求被赡养人承担不愿意或力不能及的劳动。

(3)被赡养人的房产权、房屋租赁权和居住权受法律保护,未经被赡养人同意或者授权,赡养人及其配偶、子女不得强占、出卖、出租、转让或者拆除。经被赡养人同意由赡养人出资翻建的,应当明确被赡养人享有的产权和居住权。

(4)赡养人不得强行将有配偶的被赡养人分开赡养。赡养人应当尊重被赡养人的婚姻自由,被赡养人有权携带自有财产再婚;赡养人及其家庭成员不得以被赡养人的婚姻关系发生变化为由,强占、分割、隐匿、损毁属于被赡养人的房屋及其他财产,或者限制被赡养人对其所有财产的使用和处分。被赡养人再婚的,赡养人仍有赡养的义务,不得以此为借口不尽赡养义务。

(5)被赡养人有权依法继承配偶、父母、子女的遗产和接受遗赠。被赡养人的财产依法由被赡养人自主支配,赡养人及其配偶、子女不得向被赡养人强行索取。赡养人中经济条件较好的,可以对被赡养人适当多增加赡养费,经济条件较差的,在征得被赡养人和其他赡养人同意的情况下可以适当减少赡养费。

知识链接

老年人的抚养与监护:

(1)扶养:老年人与配偶有相互扶养的义务。由兄、姐扶养的弟、妹成年后,有负担能力的,对年老无赡养人的兄、姐有扶养的义务。

(2)监护:具备完全民事行为能力的老年人,可以在近亲属或者其他与自己关系密切、愿意承担监护责任的个人、组织中协商确定自己的监护人。监护人在老年人丧失或者部分丧失民事行为能力时,依法承担监护责任。老年人未事先确定监护人的,其丧失或者部分丧失民事行为能力时,依照有关法律的规定确定监护人。

117. 什么是赡养协议?

经老年人同意,赡养人之间可以就履行赡养义务签订协议。赡养协议的内容不得违反法律的规定和老年人的意愿。赡养人不得要求老年人承担力不能及的劳动。禁止对老年人实施家庭暴力。基层群众性自治组织、老年人组织或者赡养人所在单位监督协议的履行。赡养人、扶养人不履行赡养、扶养义务的,基层群众性自治组织、老年人组织或者赡养人、扶养人所在单位应当督促其履行。

知识链接

协议变更的条件和争议的解决方法:

(1)变更本协议应取得被赡养人、赡养人全部同意后方可变更、修改。

(2)因履行本协议出现纠纷的,赡养人各方应友好协商;协商不成的,可以请求村(居)民委员会等调解组织调解;调解不成的,由被赡养人、赡养人向被赡养人居住地人民法院起诉。

(3)赡养人在协商、调解的过程中,各赡养人应本着实事求是、求同存异、最有利于维护被赡养人利益的原则进行协商,妥善处理好争议事宜。

118. 赡养人有哪些义务?

(1)赡养人应保证被赡养人每年添置两套外衣、一套内衣、鞋帽等个人物品,所需费用由赡养人共同承担。赡养人保证被赡养人的衣服、被褥干净、整洁,被赡养人单独居住的由当期赡养人负责,被赡养人同赡养人共同居住的由同住赡养人负责。当期赡养人是指赡养人按照本协议轮流赡养、护理、照顾被赡养人,当轮到具体的赡养人时,该赡养人即为当期赡养人。

(2)赡养人应妥善安排好被赡养人的膳食结构,保证被赡养人吃饱、吃好,保证每周至少有一顿肉、鱼、蛋以及新鲜蔬菜和水果等。食品的购买、烹饪和餐具的清洗,被赡养人单独居住的,由当期赡养人负责;被赡养人同赡养人共同居住的,由同住赡养人负责。被赡养人对膳食有特殊要求的,应尽量满足被赡养人的要求。被赡养人单独居住自己负责购买、烹饪的,所需费用由赡养人共同承担,在征得被赡养人同意的情况下,赡养人可以提供粮食、蔬菜以及柴、米、油、盐等实物。

（3）赡养人应为被赡养人提供安全、舒适、方便的居住场所以及其他生活用品。赡养人应当妥善安排被赡养人的住房,不得强迫被赡养人迁居条件低劣的房屋。被赡养人单独居住的,如房屋损毁,赡养人应负责及时维修,确保被赡养人的住所不破、不漏,卫生整洁,费用由赡养人共同承担。如被赡养人租赁房屋居住的,房租由赡养人共同承担。因房屋拆迁被赡养人没有居住房屋的,被赡养人可以选择到任何赡养人家居住。被赡养人的拆迁补偿款任何赡养人不得截留、侵占。

（4）如被赡养人不能自行出行,赡养人应安排时间负责被赡养人出行,所需交通费由当期赡养人承担。被赡养人单独居住时所需的水、电、煤等日常必需费用由各赡养人承担。被赡养人生活用品、个人用品的更换、维修费用由各赡养人共同承担。

（5）被赡养人生病,赡养人应及时给予医治,并负责生活照料与护理。被赡养人日常检查、就诊、买药由当期赡养人或同住赡养人负责,就近购买。被赡养人大病需住院治疗的,应就近治疗。被赡养人住院期间由各赡养人轮流护理,没有时间或条件亲自护理的,由当期赡养人聘请专人护理。

（6）被赡养人生活不能自理时,赡养人自行护理的,每个月轮换一次,由当期赡养人护理。个别赡养人不能亲自照料被赡养人的,可以按照被赡养人的意愿,请人代为照料,并及时支付所需费用。赡养人之间可以协商由其中一个赡养人护理,其他赡养人应支付相应的补助,补助的数额由赡养人共同协商。

（7）被赡养人体弱多病行走不便的，赡养人要及时给予医治、照顾和精心看护，在精神上关心被赡养人，不得用粗暴蛮横的语言对待被赡养人。

（8）赡养人每年要为被赡养人庆祝生日，宴会费用由全体赡养人共同承担。庆祝期间赡养人尽可能创造轻松、愉悦的气氛，不得谈及伤害、侮辱被赡养人或其他赡养人的话题。

（9）赡养人有义务根据被赡养人的意愿代耕、代种、收割被赡养人的责任田、承包田、自留地，照管被赡养人的林木和牲畜等，收益归被赡养人所有。被赡养人可以对提供劳务的赡养人给予适当补助。

（10）赡养人有义务按照被赡养人的要求代为缴纳各种费用，接送物品、邮件。赡养人有义务按照被赡养人的要求管理其他事务，其他赡养人不得干涉。

知识链接

被赡养人的丧葬费用分担和遗产继承：

（1）被赡养人去世后，赡养人应按照国家的有关规定办理丧事，丧葬费用从被赡养人的遗产中支取，不足部分由赡养人共同承担。

（2）赡养人应遵守国家关于丧葬的有关规定，不得铺张浪费。个别赡养人在未同其他赡养人协商的情况下，超过正常标准办理丧事的，所花费的费用，由责任人自行承担。正常标准范围内所支出的合理费用，赡养人共同承担。

（3）被赡养人去世后，被赡养人的遗产有遗嘱的按遗嘱执行，没有遗嘱的按照《民法典》的规定继承。被赡养人的个人物品、金银首饰等遗产可以由赡养人通过竞价的方式获得，所得款项按照《民法典》的规定继承。

119. 调解赡养纠纷的原则是什么?

(1)法定义务原则。子女赡养父母是法定的义务,不赡养老人是违法行为。《宪法》规定,成年子女有赡养扶助父母的义务。《民法典》规定,子女对父母有赡养扶助的义务,子女不履行赡养义务时,无劳动能力的或者生活困难的父母,有要求子女付给赡养费的权利。《老年人权益保障法》规定,赡养人应当履行对老年人的特殊需要。《刑法》规定,虐待家庭成员,情节恶劣的处二年以下有期徒刑,拘役或者管制。犯前款罪,致使被害人重伤,死亡的,处二年以上七年以下有期徒刑。对于年老、年幼、患病或者其他没有独立生活能力的人,负有抚养义务而拒绝扶养,情节恶劣的,处五年以下有期徒刑、拘役或者管制。因此,关心、呵护和帮助老年人,不仅是我国劳动人民长期以来形成的优良传统,还是法律赋予每个子女的责任。上述一系列法律条款,为我们正确及时地处理赡养纠纷提供了法律上的依据。

(2)权利、义务相一致原则。子女对父母的赡养义务是建立在父母对子女的抚养义务的基础上的,二者之间是相互对应,密切联系不可分割的关系。《民法典》在规定子女对父母有赡养义务规定的同时,规定了父母对子女有抚养教育的义务,如果父母从小就将子女遗弃,那么成年子女对父母没有赡养的义务。另外,如果父母对子女有其他犯罪行为,成年子女对父母亦失去赡养的义务,这体现了权利、义务相一致的原则。

(3)调解原则。赡养纠纷属于家庭内部矛盾,原、被告之间存在着特殊的身份、血缘等关系,争议的内容不仅仅是法律上的权利义务关系,而且涉及更深层的情感、心理等复杂因素。当事人内心更多的是希望既能解决纠纷保护自己的权利,又不伤和气,不撕破脸面,调解成功后社会效果往往比较好。在调解过程中,要结合中华民族养老敬老的优良传统及有关法律法规,耐心细致地做好当事人的思想工作,及时有效地解决纠纷。

(4)加强精神赡养原则。随着生活水平的提高,许多老年人衣食无忧,他们最大的愿望就是自己的子女能多和他们聊聊天、叙叙家常,沟通交流一下思想感情,享受天伦之乐,但由于现代生活节奏的加快,子女和老人谈心交流的时间较少,老人的孤独感增强。这就要求子女不仅在物质上对老年人予以帮助,还要给老年人精神上的慰藉。作为子女可以定期或不定期探视老年人,给予生活精神上的关心帮助,在老人生病时给予医治并适当陪护,不虐待遗弃老人,不能限制老年人的生活及人身自由,不侮辱、伤害老年人等,否则要承担相应的法律责任。

知识链接

调解赡养纠纷的方法和技巧:

(1)丰富调解方法,做到耐心、细心、诚心。总体而言,赡养纠纷的调解工作和其他纠纷的调解大同小异,但因这类案件的自身固有特点,应当做到更有耐心、更加细心、更有诚心。要耐心听当事人倾诉,耐心做当事人的说服和教育工作;细心安排调解时间,尽可能通知双方都到场,细心照顾老年人的情绪变化,细心保证调解内容的完整;以诚心对待当事人,用诚心感化当事人。

(2)找准矛盾焦点,有的放矢。对调解工作而言,其主要目的就是赡养纠纷达成调解协议,但对赡养纠纷而言,往往牵扯到其他家庭矛盾纠纷。因此,在调解过程中,既要将重点放在赡养纠纷的履行上,又要以其他矛盾纠纷的解决为切入点,有时有必要解决当事人的其他家庭矛盾纠纷。这就要求我们找准矛盾焦点,有的放矢,既要注重调节效果,又要讲究工作效率。

（3）强化为民思想，扩大法制宣传效果。许多赡养纠纷中的老人行动不便，为体现司法为民的思想，我们可以到当事人的所在地进行调解，不仅可以方便当事人，还可以起到"调解一案，教育一片"的法律宣传作用。

（4）找准法律和道德的结合点。不履行赡养义务，既可以由法律来调整，又受到道德的约束。在调解中，应当动之以情，晓之以理，不仅要从法律的角度做当事人的思想工作，还要从道德的角度让当事人明白赡养老人是其应尽的义务。

120. 什么是家庭暴力?

家庭暴力是指发生在由婚姻或亲密关系、血缘和法律而联系在一起的家庭成员之间的暴力。它包括在家庭关系中发生的身体、性、情感等方面的暴力，同时包括威胁施以暴力的行为。家庭暴力可能发生在夫妻、父母子女、兄弟姐妹、祖孙等家庭成员之间。我国家庭暴力发生率在29.7%～35.7%，其中90%以上的受害者为女性，但家庭暴力的受害者不光是女性，男性、儿童、老人同样会成为家庭暴力的受害者。

知识链接

我国妇女是一个人口众多的群体。我国妇女占世界妇女人口的五分之一。我国性别平等与妇女发展既体现了文明进步，又是对全球平等、发展与和平的历史贡献。中华人民共和国成立以来，由于男女平等制度和法律的实施，妇女蕴藏的聪明才智得以空前发挥，在创建物质文明和精神文明上都发挥了突出的作用，在国内外赢得了"半边天"的盛誉。保护妇女权益,提高妇女地位,发挥妇女作用,关系到社会主义现代化建设事业的成败,而且妇女的社会地位如何,是衡量现代社会文明的一个尺度。

121. 妇女的婚姻家庭权益有哪些?

(1)婚姻自主权。国家保护妇女的婚姻自主权。禁止干涉妇女的结婚、离婚自由。女方在怀孕期间、分娩后一年内或者终止妊娠后六个月内,男方不得提出离婚。女方提出离婚的,或者人民法院认为确有必要受理男方离婚请求的,不在此限。

(2)反对家庭暴力。禁止对妇女实施家庭暴力。国家采取措施,预防和制止家庭暴力。公安、民政、司法行政等部门以及城乡基层群众性自治组织、社会团体,应当在各自的职责范围内预防和制止家庭暴力,依法为受害妇女提供救助。

(3)家庭财产权。妇女对依照法律规定的夫妻共同财产享有与其配偶平等占有、使用、收益和处分的权利,不受双方收入状况的影响。夫妻书面约定婚姻关系存续期间所得的财产归各自所有,女方因抚育子女、照料老人、协助男方工作等承担较多义务的,有权在离婚时要求男方予以补偿。夫妻共有的房屋,离婚时,分割住房由双方协议解决;协议不成的,由人民法院根据双方的具体情况,按照照顾子女和女方权益的原则判决。夫妻双方另有约定的除外。夫妻共同租用的房屋,离婚时,女方的住房应当按照照顾子女和女方权益的原则解决。

(4)子女监护权。父母双方对未成年子女享有平等的监护权。父亲死亡、丧失行为能力或者有其他情形不能担任未成年子女的监护人的，母亲的监护权任何人不得干涉。离婚时，女方因实施绝育手术或者其他原因丧失生育能力的，处理子女抚养问题，应在有利于子女权益的条件下，照顾女方的合理要求。

（5）生育权。妇女有按照国家有关规定生育子女的权利，也有不生育的自由。育龄夫妻双方按照国家有关规定计划生育，有关部门应当提供安全、有效的避孕药具和技术，保障实施节育手术的妇女的健康和安全。国家实行婚前保健、孕产期保健制度，发展母婴保健事业。各级人民政府应当采取措施，保障妇女享有计划生育技术服务，提高妇女的生殖健康水平。

知识链接

自中华人民共和国成立以来，我国政府运用法律等方式使妇女的权益状况有了历史性的改变，使男女享有平等的地位，消除对妇女的歧视。在我国的诸多立法中，其中既有如根本法《宪法》又有传统部门法《刑法》等对男女平等的原则性规定和保障，既有如《民法典》等对所涉及妇女相关权益的一般性规定，又有如《妇女权益保障法》这一专门基本法对妇女权益的全面保护和具体落实。

122. 家庭暴力的表现形式有哪些?

（1）身体暴力。身体暴力又称躯体暴力,家庭中发生的身体暴力是指某位家庭成员对其他家庭成员蓄意使用体力或使用武器,伤害或残害对方的行为,包括推搡、抓夺、击打、捆绑、踢人、鞭打或枪击等。

（2）情感暴力。情感暴力又称心理暴力,家庭中的情感暴力是指某位家庭成员对其他家庭成员的诋毁、嘲弄、威胁和恐吓、歧视、排斥、忽视和其他非身体形式的敌意对待。

（3）性暴力。家庭性暴力是指由某位家庭成员对其他家庭成员强行施加的性行为、性行为企图或其他直接针对受害人性特征的强迫行为,行为人与受害人有可能是伴侣关系,也可能是其他家庭关系。

（4）经济控制。经济控制是指施害者通过对夫妻共同财产和家庭收支状况的严格控制,摧毁受害人自尊心、自信心和自我价值感,以达到控制受害人的目的。

知 识 链 接

妇女的合法权益受到侵害的,有权要求有关部门依法处理,或者依法向仲裁机构申请仲裁,或者向人民法院起诉。

以妇女未婚、结婚、离婚、丧偶等为由,侵害妇女在农村集体经济组织中的各项权益的,由乡镇人民政府依法调解;受害人也可以依法向农村土地承包仲裁机构申请仲裁,或者向人民法院起诉,人民法院应当依法受理。

对妇女实施性骚扰或者家庭暴力,构成违反治安管理行为的,受害人可以提请公安机关对违法行为人依法给予行政处罚,也可以依法向人民法院提起民事诉讼。

对有经济困难需要法律援助或者司法救助的妇女,当地法律援助机构或者人民法院应当给予帮助,依法为其提供法律援助或者司法救助。

123. 家庭暴力的常见类型有哪些?

(1)亲密伴侣暴力。亲密伴侣暴力是指发生在结婚伴侣之间针对另一方进行的躯体、精神或性侵犯行为(在恋爱双方之间发生的暴力通常被称为"约会暴力"),这些行为包括躯体攻击行为(如踢打、击打),精神虐待(如胁迫、蔑视和羞辱),强迫的性行为和其他形式的性胁迫,各种管制行为(如隔离、监视)等。

(2)儿童暴力。家庭暴力中针对儿童的暴力行为是指在家庭关系中对 18 岁以下人群的一切形式暴力行为,施暴者可能是儿童的父母或其他监护人,以及存在任何家庭关系的其他家庭成员。它通常包括父母或其他监护人对儿童的忽视或虐待,童婚、早婚或强迫婚姻中对儿童的暴力行为等。

(3)老年人暴力。家庭暴力中针对老年人的暴力是指在家庭关系中对老年人实施的一次或多次不恰当的并给老年人带来伤害或造成不幸的行为。它包括对老年人的身体暴力、精神和心理暴力(如忽视与漠视)、性暴力、经济和物质虐待等。

知 识 链 接

家庭内部暴力冲突所导致的损失或损害的承担者,通常为妇女儿童等处于明显生理或社会劣势的家庭成员。如遭受"暴君型家长"虐待的妻子或子女。与其他类型的被害人相比,其不利之处在于他们被加害者接近时无法逃避,罪犯了解被害人的脾性、生活习惯等情况,常常没人可能或敢于帮助被害人,不仅被害人常常惧于控告对方的加害行为,司法机构亦惧于或厌于受理控告。其有利之处在于被害人常常能够唤起罪犯的悔恨、负疚情感而从消除对方的加害意念上预防再度侵害,同时,由于共处同一家庭,被害人能够预测或预知加害者的行为方式,因而可采取某些预防措施。此外,罪犯与被害人常常有共同的熟人,可通过后者的调解避免再度被害。

124. 为什么会产生家庭暴力?

(1)个人因素

若某家庭成员患有精神疾病或具有性格缺陷,则该家庭成员可能在家庭中实施暴力;若某家庭成员具有受虐狂倾向,则可能陷入受虐角色认知,反复遭受家庭暴力。

部分研究从生物学角度出发,发现肾上腺素或肾上腺皮质素的化学失衡与个体的攻击性、情绪变化、异常行为及精神疾病密切相关;在男性青少年中,较高的睾丸激素可能导致更高的暴力发生率。这类特定激素失调的群体更有可能在家庭中发生暴力行为。

(2)家庭因素

家庭中可能出现"代际间的暴力传递",生长在暴力家庭中的人,容易习得暴力行为,自己组成新的家庭后,可能将暴力直接传递给下一代,由此形成一个暴力不断再生的循环。

特殊的家庭结构也可能催生家庭暴力。依照性别对家庭责任和义务进行划分的家庭,面临挫折的家庭,家庭成员的内在权力不平衡的家庭等,都可能造成家庭成员之间的紧张关系并诱发家庭暴力。

由于家庭具有隐私性,家庭暴力行为相对容易掩盖或隐藏,且个体的家庭暴力行为受社会约束较小,长期以来,实施家庭暴力几乎不用付出社会和法律代价,这使得部分家庭成员易产生家庭暴力行为。

处于经济、住房、教育等生活困难的家庭更易发生暴力。入不敷出的经济状况、低收入、失业、拥挤的生存环境、不良住房条件等情况可能会导致家庭暴力的发生,施害者的配偶和孩子则可能成为受害者。

（3）社会文化因素

社会残存的大男子主义等落后文化对于暴力持认可和鼓励态度,社会和家庭的传统父权模式易导致男性对女性的暴力行为,而受害者也可能受此文化影响,屈服于家庭暴力而不敢或不愿制止和反抗家暴。受漫长的封建历史影响,部分人将丈夫对妻子的暴力行为"合理化",认为只要暴力不过度,都是可以容忍和接受的。

我国针对家庭暴力的法律条文出台年限较短,许多细则与具体裁定细节有待完善,且家庭暴力的取证较为困难,这使得相当一部分的家庭暴力施害者并未得到相应的法律制裁,法律对家庭暴力行为的约束力较弱。

知识链接

家庭暴力是一种侵犯人身权利、危害社会安全的违法行为,实施家暴的行为人应依法承担相应的法律责任。

（1）民事责任。根据《民法典》规定,实施家庭暴力是确定夫妻感情确已破裂,调解无效,准予离婚的法定理由之一。家暴受害者可以采取救助措施,例如向有关部门提出请求。施暴者应该承担的民事法律责任,例如因家庭暴力导致离婚的,受害者有权请求施暴者损害赔偿。

（2）行政责任。根据《治安管理处罚条例》规定,暴力威胁他人的,处拘留并罚款。

（3）刑事责任。家庭暴力达到一定的程度,会构成《刑法》中的虐待罪、侮辱罪、故意伤害罪、暴力干涉婚姻自由罪等罪。其中,施暴者打骂、捆绑、限制人身自由或者用其他手段对家庭成员,从身体方面、精神方面等进行伤害和摧残,情节恶劣的,构成虐待罪。应处有期徒刑2年以下,拘役或者管制;如果引起被害人重伤或者死亡的,处2年以上7年以下有期徒刑。施暴者公然实施暴力,贬低家庭成员,破坏其名誉,情节严重的,构成侮辱罪,应处3年以下有期徒刑、管制或剥夺政治权利。施暴者使用过激的行为,例如持刀,剪刀等利器,给他人人身健康造成损害的,构成故意伤害罪。如果致人重伤、严重残疾或者死亡的,根据《刑法》最高可判死刑。

125. 社区如何干预制止家庭暴力?

（1）设立家庭暴力防治机构。在家庭暴力发生后,有条件的社区可以派出专门的协调人员（专业性不高）进行干预。在反家庭暴力体系中,社区介入工作与社区支持系统要相辅相成,快速有效地解决有关问题,让社区在防治家庭暴力方面发挥最大的作用。

（2）建立社区心理支持。家暴的受害者遭受其他家庭成员的暴力后,身心往往承受重大压力和创伤,若不及时疏导和处理,常常会形成严重的心理疾病,因此,社区工作人员要帮助他们疏导情绪,恢复自我,从家庭暴力的阴影中走出来,重新面对生活。施暴者同样也要接受心理疏导,他们往往存在着生活压力大、人格缺陷等社会或自身问题,必须对他们进行心理辅导才能从根本上解决家庭暴力发生的根源。对施暴者进行辅导时,倡导其学习正确的家庭沟通技巧,从而与其他家人更好地沟通。通过一些其他活动减缓其在生活中面临的压力,从而更好地面对生活,建设和谐家庭。社区的心理支持可以采用多种形式进行,如热线电话、邀请心理专家、家庭访问等。

（3）建立社区法律援助。在法律层面上援助和保护受害者是反对家庭暴力的重要措施,因此,在社区中建立法律援助机构是十分必要的。而在社区内建立法律援助机构的优势十分明显,社区中只需要少量的配备一定专业法律知识的工作者就可以很好地完成法律援助的任务。加强法制意识,使受害者树立妇女权利不容侵犯的观念,依法处理家庭暴力问题,从而在法律上为受害者提供支持。

（4）建立社区庇护所与支持网络。建立社区庇护所,可以使受害者在第一时间获得保护,并为后续的治疗和康复或家庭的重新融合提供便利的场所。在社区内,由政府出资并建立反家庭暴力的临时避难所,向受虐者提供食宿、法律及心理咨询等一系列的服务,由此促使受虐者脱离暴力环境,获得生活和心理上的支持。庇护所也向有暴力倾向的施暴者提供相应的服务,如对施暴者进行劝告、心理疏导、调解,必要时还可以帮助受虐者提起诉讼,以寻求法律的支持等。社会支持网络是指一组个人之间的接触,通过这些接触,个人得以维持社会身份并获得情绪支持、物质援助等。一个人拥有的社会支持网络越强大,就能够越好地应对各种来自环境的挑战。家庭暴力的发生一般是出现在家庭中,家庭又是处于社区内,社区可以充分借助社区内的人力、物力、财力等资源预防和制止家庭暴力的发生。整合社区资源,加强社区凝聚力,培养社区居民的民主参与意识和能力,促进家庭暴力问题在社区内得以解决。社区必须加大对家庭暴力危害的宣传力度、教育力度和打击力度,社区居委会(村委会)关注每一个可能发生暴力的家庭,组建一个以社区为主,由家庭、社区、单位、群体组织、司法部门等组成的严密的支持网络。

(5)开展宣传活动,加强社区文化建设。在社区中,我们可以运用以下方式开展反家庭暴力的宣传:在黑板报、公示栏登载有关反家庭暴力的常识;印发反对家庭暴力的宣传小册子;定期召开家庭座谈会、讲座,以了解社区内的家庭暴力情况及开展宣传教育;聘请一些有闲暇时间并愿意发挥余热的社区积极分子,加入家庭暴力防范的宣传活动,引导广大社区居民尊重女性权利,远离家庭暴力,由此形成一个防治家庭暴力的良好氛围,进而预防家庭暴力的发生。在此需要强调的是,反对家庭暴力的宣传应该以社区的全体居民为对象,结合我国社区的特色宣传,注重宣传效果,让反对家庭暴力的思想深入人心。通过对社会主义伦理道德、家庭美德等各种形式的宣传教育活动,使得社区居民树立正确的婚姻观、家庭观和世界观,建立和谐、友爱、美满的婚姻家庭关系,从而促进社区文化建设,促进和谐社区建设。

知识链接

家庭暴力行为会对社会造成巨大的医疗压力和财政压力,也会危害社会的稳定与安全。家庭暴力对人造成身体伤害与精神伤害,社会不得不提供大量的医疗资源对受害者的身体与精神损伤进行治疗,医疗负担加重。对家庭暴力后果的处理会消耗大量资源,从而加重了社会与政府的财政负担。治疗、就医及其他保健工作中的花费所产生的直接成本、劳动力丧失、残疾、生活质量的下降和未成年人死亡、司法系统运转和其他机构运转所产生的间接成本都带来了巨大的财政负担。家庭暴力所带来的人的精神与行为问题、价值观的扭曲也会对社会的稳定性与安全性造成威胁,影响社会和谐发展。

参考文献

[1]毛瑞.婚姻家庭法学[M].北京:中央广播电视大学出版社,2017.

[2]吴高臣,林珮副.中国婚姻家庭与收养法律制度[M].北京:中国民主法制出版社,2019.

[3]胡凤滨.婚姻家庭继承纠纷裁判精要与规则适用[M].北京:人民法院出版社,2020.

[4]艾其来,胡俊平.婚姻家庭纠纷法律适用指南[M].北京:中国民主法制出版社,2017.

[5]赵德勇.婚姻家庭法新论[M].北京:中国政法大学出版社,2014.

[6]王国全.婚姻家庭法原理与实务[M].银川:宁夏人民教育出版社,2014.

[7]夏吟兰.婚姻家庭继承法[M].北京:中国政法大学出版社,2012.

[8]戴志强.婚姻家庭法律常识[M].昆明:云南人民出版社,2011.

[9]于彩辉,付云岭,王晓云.婚姻家庭法案例教学十六讲[M].石家庄:河北科学技术出版社,2014.

[10]李克玉,张静.婚姻家庭社会学[M].北京:新华出版社,2010.

[11]汪洁,丁娟.城市社区干预婚姻家庭问题调查分析[J].杭州师范学院学报(社会科学版),2004(3):94-97.